제 2 판

김태수, 전중창, 이평기 공저

C언어의 완성

Completion of C Language Programming

D.B.Info

Preface

오늘날 정보화 사회의 실현으로 컴퓨터 이용의 중요성은 날로 더해가고 있다. 특히, 근래에는 저가 PC 보급의 확대와 더불어 그 이용자는 급증하고 있는 실정이다. 컴퓨터는 정보를 다루고 운반하는 도구로서 초고속정보통신망 구축과 더불어 정보화 사회를 이끌어 나가는 주요 수단이며 기본도구로 되었다. 이 도구의 간단한 이용에서 벗어나 보다 잘 이용하려고 한다면 반드시 컴퓨터에 필요한 언어 한 가지만은 숙지하고 있어야 한다. 이러한 필수적인 언어의 하나로 주목받고 있는 C언어는 전산, 정보, 통신 관련 분야는 물론 다른 분야에서도 필수적인 언어로 자리 잡고 있다. 또한, C언어는 다른 언어에 비하여 이식성이 높고 실행속도가 빠른 것이 특징이며, 시스템프로그램 등에 실제로 사용되는 고급언어이면서 어셈블리어에 준하는 저급언어의 연산기능을 가지고 있어 유닉스 운영체제를 효과적으로 다룰 수 있어 많은 관심을 받는 언어이기도 하다. 요즈음 Embedded 시스템 구성에 필수적인 마이크로칩사의 PIC계열이나 아두이노 마이크로컨트롤러를 가지고 프로그래밍을 할 경우에 어셈블리어를 사용해서 프로그래밍을 하는 프로그래머는 극히 드물며 대부분 C언어를 이용하여 프로그래밍을 하고 그런 이후에 컴파일을 거쳐서 목적파일로 바꾸는 과정을 통해서 작업이 이루어지고 있다. 따라서 C언어는 필수적인 언어라고 다시 한 번 강조해도 지나치지 않으며 C언어 이후에 나온 C++도 역시 C언어에 근간을 두고 있기 때문에 C++을 배우기 이전에 C언어에 대한 기본적인 사항을 배워 둘 필요가 있다고 본다.

본서는 프로그램에 대한 지식이 없는 독자라도 쉽게 접근하여 배울 수 있도록 언어사용에 필요한 기초적인 프로그램 예제를 중심으로 단계적으로 구성하였으므로 차례대로 하나하나 실행하다 보면 자연스레 익숙해 질 수 있을 것이다.

본서는 크게 11장으로 나눌 수 있는데 제1장에서부터 제9장까지는 Visual Studio사용 개요와 C언어프로그래밍의 기본문장, 유형, 함수 등을 다루었고, 제10장과 제11장에서는 전처리기와 파일처리를 실었으며 이러한 내용들은 C언어의 초보자나 경험자에게 있어서도 소중한 자료가 되리라 생각한다.

이 책이 C언어에 입문하는 많은 분들에게 많은 도움이 된다면 더한 기쁨이 없으며, 많은 시간을 두고 집필하였고 수정판을 내놓았지만 아직 미흡한 점이 많을 것으로 생각하며, 앞으로 미진한 부분은 조금 더 충실한 내용으로 거듭날 수 있도록 독자들의 아낌없는 충고와 조언을 바란다.

또한, 이 책이 C언어의 기본에서 파일처리까지 관심이 있는 독자 여러분들에게 도움이 되기를 진심으로 바라며 출판을 도와주신 복두출판사 사장님과 편집부 여러분에게도 감사를 드린다.

2014. 3

저자일동

Contents

1 Visual Studio 사용 개요

C 언어로 작성된 소스(source) 프로그램을 실행하기 위해서는 컴파일 과정이 필요하다. Visual Studio는 소스 프로그램의 편집 기능뿐만 아니라 컴파일, 링크 등의 개발 환경을 제공한다. 본 장에서는 마이크로소프트 Visual Studio 2012를 기반으로 C언어의 프로그램 작성과 실행 방법을 설명한다.

1.1 Visual Studio의 기동

Visual Studio는 C 프로그램을 편집, 컴파일, 실행 할 수 있는 개발 도구이다. 학습용으로 Visual Studio Express 2013 버전이 마이크로소프트 웹사이트에서 무료로 제공되고 있다.(http://www.visualstudio.com) 여기서는 Visual Studio Professional 2012를 바탕으로 C 프로그램의 편집 및 실행 방법을 설명 한다. 먼저 Visual Studio를 기동시키면 그림 1.1과 같은 초기 화면이 나타난다.

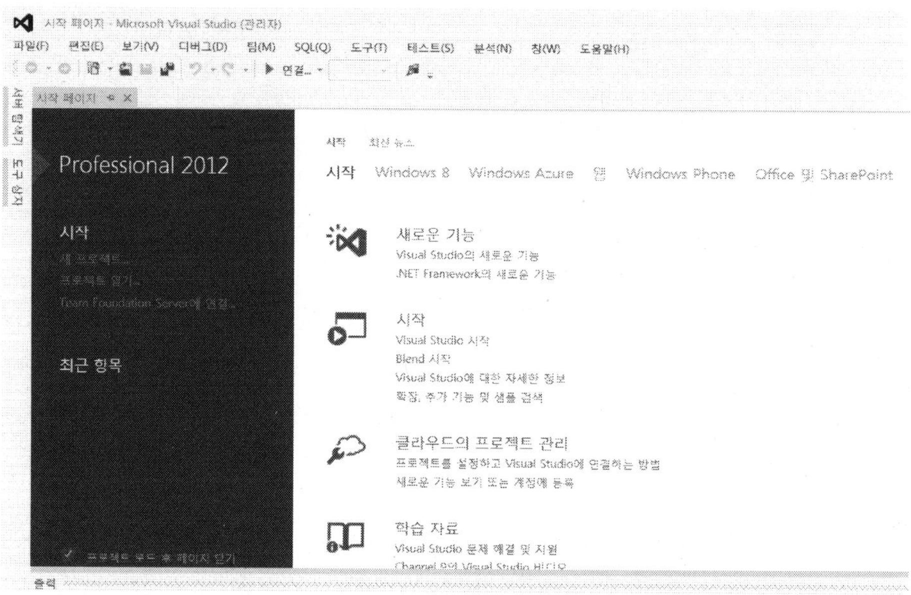

그림 1.1 Visual Studio 2012의 초기 화면

여기서 프로그램을 새로 작성하기 위해서는 주 메뉴에 있는 [파일]-[새로 만들기]-[프로젝트]를 차례대로 선택한다. 이렇게 하면 그림 1.2에 보인 프로젝트 생성 화면이 열리는데,

그림 1.2 프로젝트 생성 화면

여기에서 Visual C++ 템플릿의 "Win32 콘솔 응용 프로그램"을 선택한다. Console Application1이라는 프로젝트 이름이 자동으로 생성되는데 이름은 수정도 가능하다. 여기에서는 이것을 그대로 사용하도록 하고 확인 버튼을 누른다. 그러면 그림 1.3과 같은 Win32 응용 프로그램 마법사 시작 화면이 나타나며, 이어서 다음 버튼을 누르면 그림 1.4에 보인 응용 프로그램 설정화면을 볼 수 있다. 여기에서 "콘솔 응용 프로그램"과 "빈 프로젝트"를 선택한다.

- 응용 프로그램 종류: 콘솔 응용 프로그램(O)
- 추가 옵션: 빈 프로젝트(E)

이어서 하단의 마침 버튼을 누르면 그림 1.5와 같은 프로젝트 관리자 화면이 생성된다. 이 프로젝트 관리자 화면에서 C 프로그램의 편집과 실행이 이루어진다.

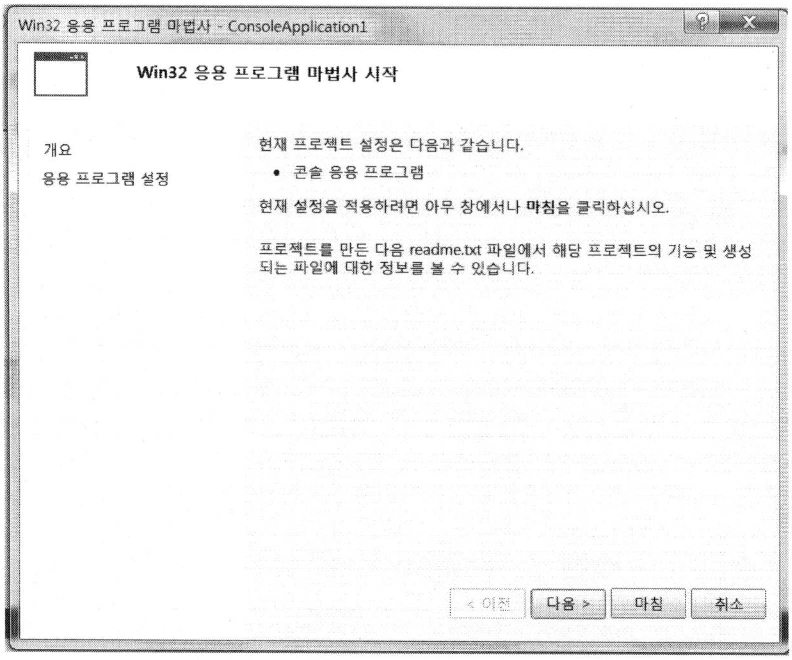

그림 1.3 Win32 응용 프로그램 마법사

그림 1.4 응용 프로그램 설정

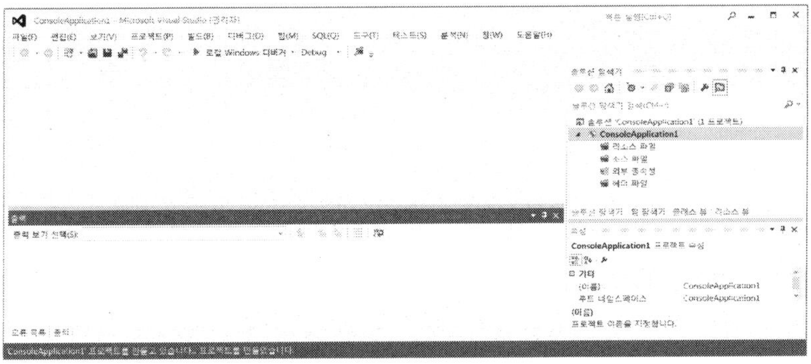

그림 1.5　프로젝트 관리자 화면

1.2 프로그램 편집 및 저장

프로그램 작성은 프로젝트에 파일을 추가하는 것에서 시작하며, 그림 1.6에 보인 프로젝트 관리자 화면의 솔루션 탐색기를 활용한다. 이를 위해서 ConsoleApplication1 솔루션 아래의 소스 파일 폴더에서 마우스 오른쪽 버튼을 눌러서 [추가]-[새항목]을 선택한다. 그러면 그림 1.7과 같이 파일의 이름과 위치를 지정할 수 있는 화면이 나타난다. "소스.cpp"라는 이름이 자동으로 부여되는데 "hello.c"라는 파일명을 입력 한다. 일반적으로 cpp 확장자 Visual C++ 소스에 사용되므로, C 소스는 확장자 c를 사용하는 것이 좋다.

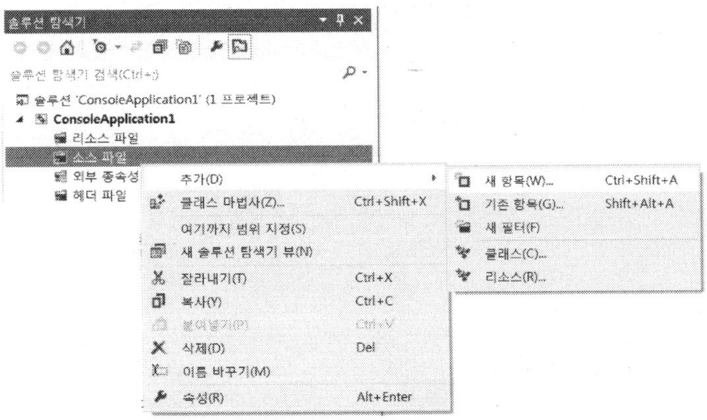

그림 1.6　소스 파일 추가를 위한 새 항목 선택메뉴

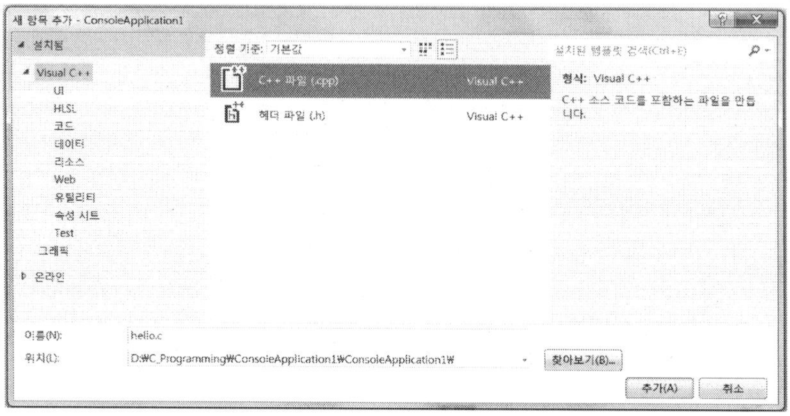

그림 1.7 소스파일 이름 및 위치 지정메뉴

그림 1.7에서 [추가] 버튼을 누르면 그림 1.8과 같이 "hello.c"라고 하는 파일명이 제목 표시줄에 표시된 편집화면이 나타난다.

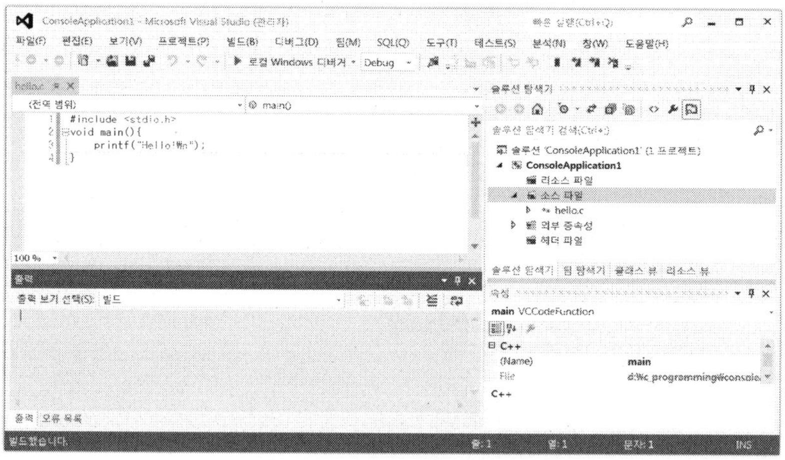

그림 1.8 프로그램 편집 창

이 편집 창에서 일반적인 편집기에서와 같이 프로그램을 작성하면 된다. 이러한 Visual Studio 편집 창에서는 include 혹은 int 등과 같은 지정자를 다양한 색상으로 표시하여 알기 쉽게 해준다. 간단한 테스트 프로그램 작성 결과를 그림 1.8에 보였다. Visual Studio 편집기에서 줄 번호를 나타내기 위해서는 [도구]-[옵션]-[텍스트 편집기]-[모든 언어]-[줄 번호]를 체크한다. 프로그램의 편집을 완료하면 일단 저장을 해야 하는데 저장하기 위해서는 [파일]-[hello.c 저장]을 실행하면 된다.

1.3 소스 코드 컴파일 및 실행

작성된 프로그램의 실행 파일을 만들기 위해서는 컴파일(compile)과 링크(link)를 수행하여야 한다. Visual Studio에서는 그림 1.9에 보인 것과 같이 [빌드]-[솔루션 빌드] 메뉴를 통하여 이 두 과정을 동시에 처리한다. 솔루션 빌드가 이루어지면 프로젝트 디렉토리의 Debug 폴더 속에 실행파일(.exe)이 생성된다.

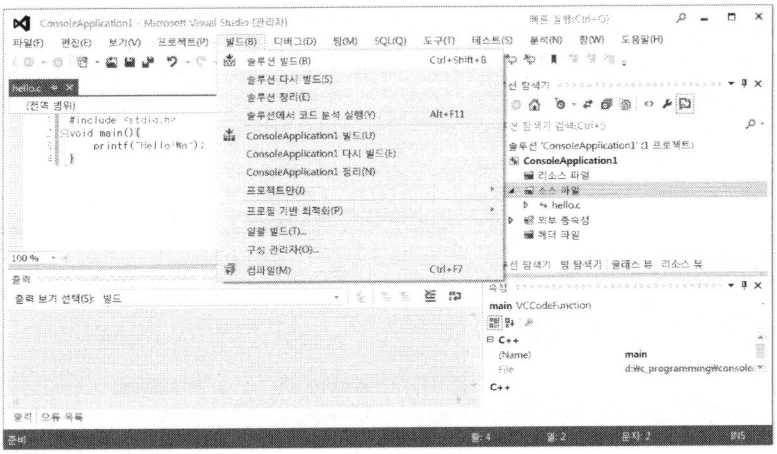

그림 1.9 솔루션 빌드 메뉴

실행 파일의 실행결과를 확인하기 위해서는 그림 1.10과 같이 [디버그]-[디버깅하지 않고 시작] 메뉴를 클릭하면 된다. 단축 키 Ctrl+F5를 사용하면 편리하며, 그림 1.11에 테스트 프로그램의 실행결과를 보였다.

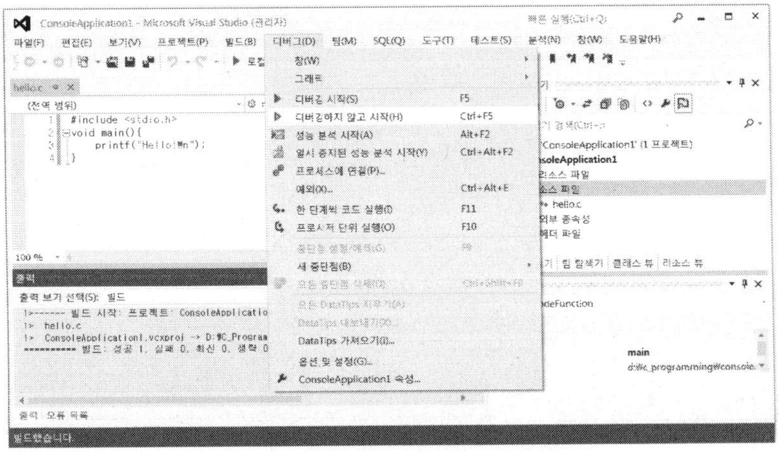

그림 1.10 실행결과 확인을 위한 디버그 메뉴

그림 1.11 실행결과 화면

2 C언어 프로그래밍의 기본이해

이 장에서는 C언어의 장점, 구조에 대해서 설명하고, C언어의 프로그래밍 기본 구성에 대해 공부하기로 한다.

2.1 C언어 프로그래밍의 장점

C언어는 지금까지 개발된 여러 프로그래밍 언어중의 하나로 문법적인 유연성, 간결성, 구조화작업의 용이성, 광범위한 확장성 그리고 다양한 연산자를 가지고 있기 때문에 현재 가장 널리 사용되고 있는 언어라고 할 수 있다. 최근에는 시스템 소프트웨어분야만 뿐만 아니라 사무처리와 관련 있는 전산화작업, 과학기술 계산 등의 응용분야에서도 널리 사용되고 있다.

2.2 C언어의 구조

C언어로서 프로그램을 구성할 경우의 일반적인 프로그래밍 구조는 아래 그림에서와 같이 전처리문(preprocessor), 주함수문(main)의 변수선언과 실행문장 그리고 사용자 정의함수로 구성된다.

◉ C언어 프로그래밍의 일반적인 구조

전 처 리 문
주함수문 : ☞ 변수선언 ☞ 실행문장들
사용자 정의함수

뒷장에서 자세하게 설명되겠지만 간략하게 C언어 구조의 세부사항을 요약하면 전처리문은 원시프로그램(source program)을 목적파일(object file)로 컴파일하기 전에 외부 파일의 포함이나 문자열 치환과 같은 문법외적인 작업을 먼저 처리하는 과정을 의미한다. 주함수문은 부프로그램을 호출하여 실행시키는 주도적인 역할을 하는 함수이며, 사용자 정의함수는 프로그래머가 필요에 따라 직접 작성하는 함수를 말한다.

2.3 C언어 프로그래밍의 기본 구성

실제 프로그램을 예로 하여 C언어 프로그래밍에 대한 전반적인 내용을 간략하게 설명해 보도록 한다.

예제 프로그램

```
#include <stdio.h>                          /* 전처리문 */
#include <conio.h>
int sum (int, int);                         /* 함수의 프로토타입 선언 */
float average (int, int);
void main (void)                            /* 주함수문 */
    {
     int a, b, c;                           /* 변수선언 */
     float d;   printf ("두 수를 입력하시오 !");
     scanf_s ("%d %d", &a, &b);
     c=sum(a, b);                           /* 실행문장 */
     d=average(a, b);
     printf ("**** a와 b의 합 계산 ****\n");
     printf ("%d+%d=%d\n", a, b, c);
     printf ("**** a와 b의 평균 계산 ****\n");
     printf ("%d와 %d의 평균값=%f\n", a, b, d);
    }
   int sum (int x, int y)                   /* 사용자 정의함수 */
    {
     int  z;
     z=x+y;
     return (z);
    }
   float average (int i, int j)             /* 사용자 정의함수 */
    {
     float k;
     int total;
     total=i+j;
     k=total/2.0;
     return (k);
    }
```

예제 설명

• 전처리문(1행~2행)

각종 함수원형(function prototype) 선언문에 대한 정보가 포함되어 있는 표준 입출력 헤더파일(header file)의 내용은 프로그래머가 직접 만든 원시프로그램(source program)에 포함시키는 작업을 수행하게 하는 부분이다.

• main( )문(3행~14행)

C언어로 작성되는 모든 프로그램은 최소한 1개의 함수(main( )함수)를 포함하고 있어야 하며 {로 시작하며 }로 끝낸다. main 함수문 내의 5행과 6행은 연산에 필요한 변수가 어떠한 형태인가를 지정해 주는 변수 선언과정을 나타낸다. 7행은 scanf_s( ) 함수로서 표준 입력장치인 키보드를 통하여 프로그램 실행에 필요한 자료를 입력받아서 a와 b 다음 변수에 각각 대입하라는 것을 의미한다. 8행과 9행은 사용자 정의함수인 sum과 average 함수문을 호출하여 각각 c와 d변수에 값들을 저장하라는 것이다. 10행에서 13행까지는 표준출력함수인 printf( )함수로서 연산한 프로그램의 결과를 표준출력장치인 모니터 화면을 통하여 나타내는 것을 의미한다.

• 사용자정의 함수(15행~28행)

복잡하고 규모가 큰 내용의 프로그램은 프로그래머가 효율적으로 관리하거나 수정이 용이하지 않다. 따라서 전체 내용을 기능별로 나누어서 따로 작성하는 것을 사용자 정의함수로 정의할 수 있는데 15행의 sum문과 average문은 주함수문에서의 실인수 a, b 값을 받아서 각각 두 수의 합과 평균을 구하여 주함수문에서의 sum과 average함수를 호출한 쪽으로 계산결과를 반환하는 함수부분을 나타낸다.

• 함수의 프로토타입(prototype) 선언

사용자 정의함수가 main( )함수 아래에 위치하면, main( )문 내에서 변수형태를 지정해 주는 것과 마찬가지로, 그 함수의 프로토타입을 선언해 주어야 한다. 사용자 정의함수가 main( ) 함수 위쪽에 있으면 프로토타입을 지정해 줄 필요가 없다.

2.4 C언어 프로그래밍의 기본 형식 이해

다른 장에 나오는 예제들을 보다 쉽게 이해하기 위해서는 C언어에 대한 기본적인 내용 이해가 필요하다. 따라서 이 절에서 예제에 많이 나오는 기본 형식에 대해 간략하게 기술하고자 한다.

2.4.1 main ( )문 구성

main ( )문은 프로그램의 맨 처음에 나오는 주프로그램(main program)의 함수명이다. void main( ) 함수의 기본형태는 다음과 같다.

```
void main ( ) { 문장; 문장;  ..........  문장; }
```

혹은

```
void main (void)
            {
                  문장;
                  문장;
                  ......
                  문장;
            }
```

☞ 명령문장의 종결을 의미하는 것으로 문장(sentence)과 문장사이에는 반드시 세미콜론(;)이 있어야 한다.

프로그램 2-1

```
void main ( )
{
 printf("Hello C world!\n");
}
```

☞ 같은 결과의 프로그램

```
void main ( )
   {
    printf ("Hello ");
    printf ("C ");
    printf ("world");
    printf ("!");
    printf ("\n");
   }
```

◆ 실행결과

```
Hello C world!
```

설명

실행문장인 printf( )는 모니터에 지정된 서식에 따라 데이터를 출력하는 함수문으로 소괄호 안에 있는 Hello C world!를 모니터에 출력한다. C언어에서 문자열 상수(string constant)인 이중인용 부호 안에 있는 것은 문자열 함수의 인수(argument)역할을 하고 ₩n은 새로운 줄(new line)로 이동하라는 기능의 제어문자이다.

2.4.2 변수선언

C언어로서 프로그램을 구성할 경우 반드시 모든 변수에 대한 형태를 지정하는 변수선언이 필요하다. 변수의 종류로는 정수형(int), 실수형(float), 문자형(char), 포인터형(pointer)형 변수, 배열, 구조체, 공용체 등이 있다.

◉ 변수선언 형식

```
변수형(type) 변수이름 ;
```

☞ 사용 예 int var1;   /* var1변수를 정수형으로 선언 */
float var2;   /* var2변수를 실수형으로 선언 */

2.4.3 명령문(statement)

C언어에는 두 가지의 명령문이 존재하는데 그것은 단순명령문과 복합명령문이다. 단순명령문은 하나의 수식, 문장 등의 실행문장으로 세미콜론으로 끝나고, 복합명령문은 중괄호 { }로 그 내용이 표현되며 한 개 이상의 수식 또는 문장으로 이루어진다.

예제 프로그램

```
void main ( )
  {
   int val, sum;
   val=0;
    sum=0;              /* 단순명령문 */
    val=val+1;
    while (val<10)
      {                 /* 복합명령문 */
        val++;
        sum += val;
      }
    }
```

2.4.4 수식(expression)

수식은 연산자(operator)와 연산항(operand)의 조합으로 구성되는데 연산자는 연산처리를 하기위한 문자를 말하며 대표적인 연산자의 종류로는 산술연산자, 증감연산자, 대입연산자, 자리이동연산자, 논리연산자, 관계연산자 등이 있다.

산술 연산자	+, −, *, /, %
증감 연산자	++, −−
대입 연산자	=, +=, −=, %=
자리이동 연산자	<<, >>
관계 연산자	>, <, >=, <=, !=, ==
논리 연산자	&&, ||, !

연산항은 일반적으로 프로그램이 실행되는 동안 변하지 않는 상수(constant)와 변할 수 있는 변수(variable)로 구성된다.

◉ 수식 예

산술 연산자	a=b+3
증감 연산자	a++
대입 연산자	a+=2
자리이동 연산자	c=a<<3
관계 연산자	if(a>b)
논리 연산자	c=(a&b)

2.4.5 주석(comment)

(1) 주석

C언어 프로그램 구성시 주석은 프로그램의 이해에 도움이 되며 또한 프로그램을 수행하고자 할 경우의 유용함으로 체계적인 프로그램 작성에 있어서 이것은 필수적인 부분이다.

주석은 /*와 */ 사이에 있는 문자나 기호를 나타내며 이러한 주석은 컴파일시에 기계어로 변환되지 않는다.

예제 프로그램

```
void main ( )
   {
    int a, b, c;
    printf("Enter a, b:\n");
    scanf_s ("%d %d", &a, &b);          /* 두 정수값 입력 */
   c=a+b;                               /* 두 정수의 합 */
    printf("%d+%d=%d\n", a, b, c);
   }
```

2.4.6 C언어에서 사용가능한 문자

C언어에서는 숫자, 영문자의 대문자와 소문자, 특수문자 등이 사용될 수 있으며, 이미 문법적으로 정의된 예약어(reserved word)는 변수명으로 사용될 수 없다.

사용가능 문자종류		문 자
숫 자		0, 1, 2, 3, 4, …, 9
영문자	대문자	A, B, C, …, Z
	소문자	a, b, c, …, z
특수문자		+, -, *, /, &, =, {, }

C언어에서는 영문자에서 대문자와 소문자를 서로 다른 문자로 인식하기 때문에 사용 시에 세심한 주의가 필요하다. 예약어는 아래와 같이 분류 될 수 있다.

종 류	예 약 어
자료형	char, double, float, int, short, struct, union, void, unsigned
기억클래스	auto, extern, register, static
제어명령	break, case, if, for, while, goto, continue, dowhile
연산자	sizeof, cast

연습문제

1. C언어 프로그래밍의 장점을 설명하라.

2. C언어 구조에서 전처리문의 역할은 무엇인가?

3. C언어에서 반드시 존재하는 하나의 함수가 있다 무엇인가?

4. C언어에서 사용되는 명령문의 종류를 기술하고 간략하게 설명하라

5. C언어에서 사용되는 대표적인 연산자의 종류와 그 기능은?

6. C언어와 다른 언어를 비교하여 설명하면?

7. C언어에서의 예약어의 종류를 기술하라.

3 자료형

C 언어 프로그램으로 복잡한 연산을 수행하여 정확한 결과를 얻기 위해서는 반드시 연산에 사용되는 자료의 형태를 올바르게 지정해 주어야 한다. 3장에서는 자료형으로 상수(constant)와 변수(variable)에 대해 알아보기로 한다.

3.1 상수와 변수

3.1.1 상수(constant)

상수란 프로그램 수행 중에 그 값이 변경되지 않는 고정된 값으로 정의할 수 있고 그 종류로는 정수형 상수, 문자형 상수, 문자열 상수, 실수형 상수 등으로 분류될 수 있다.

<table>
<tr><th colspan="2">종 류</th><th>특 징</th><th>사용 예</th></tr>
<tr><td colspan="2">정수형 상수</td><td>* 10진수, 8진수, 16진수로 표시
* 소수점이 없는 수를 표현</td><td>123(10진수)
034(8진수)
0xA2(16진수)
123L(10진수로 32bit 저장)</td></tr>
<tr><td rowspan="2">문자형</td><td>문자형 상수</td><td>* 문자와 값의 관계를 1:1로 대응시켜 ASCII 코드로 표현
* 하나의 문자를 인용부호(‘ ’)안에 표현</td><td>‘a', '4', '$'</td></tr>
<tr><td>문자열 상수</td><td>* 하나이상의 문자를 이중인용부호(“ ”)안에 표현
* 문자열의 마지막에는 '₩0'이 내부적으로 추가됨</td><td>"a"
"123"
"HELLO!"<br>"abc"</td></tr>
<tr><td colspan="2">실수형 상수</td><td>* 소수점이나 지수부를 가진 상수
* 지수부는 E 또는 e로 표시</td><td>123.4
12.3e+02
123e-03</td></tr>
</table>

프로그램 3-1

```
/* 상수를 이용한 프로그램 예 */
#include <stdio.h>
void main( )
  {
    printf("****상수의 덧셈 및 뺄셈결과****\n");
    printf("%d+%d=%d\n", 7, 2, 7+2);
    printf("%d-%d=%d\n", 7, 2, 7-2);
  }
```

◆ 실행결과

```
****상수의 덧셈 및 뺄셈결과****
7+2=9
7-2=5
```

설명

① printf( ) 함수는 표준출력함수로서 출력형식에 맞추어 모니터에 자료나 결과를 출력시키는 함수이다.

② %d 는 printf( ) 문내의 자료를 10진수로 출력하라는 제어문자이다.

③ 예제에서 사용된 7과 2는 프로그램 실행 중에도 값이 변경되지 않는 상수이다.

프로그램 3-2

```
/* 정수형 상수의 기억공간상의 크기 */
   #include <stdio.h>
   void main( )
     {
        printf("****정수형 상수의 기억공간상 크기****\n");
        printf("① 정수의 크기는 %d byte이다\n", sizeof(15));
        printf("② L자 포함할 경우 바이트의 크기는 %d byte이다
                  \n", sizeof(15L));
     }
```

◆ 실행결과

```
****정수형 상수의 기억공간상 크기****
① 정수의 크기는 4 byte이다.
② L자 포함할 경우 바이트의 크기는 4 byte이다.
```

설명 sizeof 연산자는 자료가 차지하는 기억공간상의 byte수를 나타낸다.

(1) 정수형 상수

정수형 상수란 소수점을 포함하지 않는 상수로서 그 표현방법은 10진수, 8진수, 16진수가 있고 정수형 상수는 기억장치 내에 word 크기로 저장할 수 있는데 L자가 있으면 2 word 크기로 기억된다.

10진수 정수형 상수	8진수 정수형 상수	16진 정수형 상수	특 징
10 120	012 0168	0xA 0x78	* 8진수: 0으로 시작 * 16진수: 0x로 시작 * 32bit로 기억시 값 뒤에 L로 표현

프로그램 3-3

```
/* 10진 정수형 상수의 8진, 16진수 정수형 상수로 표현한 예 */
   #include <stdio.h>
   void main ( )
     {
       printf("10진 정수형 상수= %d\n", 80);
       printf("8진 정수형 상수(0120)의 10진수 표현 = %d\n", 0120);
       printf("16진 정수형 상수(0x50)의 10진수 표현= %d\n", 0x50);
     }
```

◆ 실행결과

```
10진 정수형 상수 = 80
10진수로 표현한 8진 정수형 상수(0120)=80
10진수로 표현한 16진 정수형 상수(0x50)=80
```

설명

① printf( )는 정수형 상수 80을 지정제어문자(%d)가 위치한 곳에 데이터를 출력하라는 의미이다.

② %d는 10진수로 출력하라는 제어문자이다.

③ printf문 내에 '₩n'은 이스케이프(escape)문자로 새로운 줄(new line)로 이동을 의미한다.

프로그램 3-4

```
/* 십진수 25를 8진, 16진수로 표현한 프로그램 */
   #include <stdio.h>
   void main ( )
     {
        printf ("%d DEC\n", 25);
        printf ("%o OCT\n", 25);
        printf ("%x HEX\n", 25);
     }
```

◆ 실행결과

```
25 DEC
31 OCT
19 HEX
```

설명

① %o는 8진수로 출력하라는 제어문자

② %x는 16진수로 출력하라는 제어문자

(2) 문자형 상수(char형)

문자형 상수는 인용부호 (' ') 안에 하나의 문자로 구성되는 상수로서 1byte로 표현 가능하다. 문자형 상수를 출력하고자 할 경우의 형식지정 제어문자는 %c이다.

☞ 문자형 상수 예

'r', 'a', '4', '$', 'M' 등.

프로그램 3-5

```
/* 문자형 상수의 ASCII 코드값으로의 표현 */
#include <stdio.h>
void main ( )
  {
    printf ("문자형상수 a의 ASCII코드값=%d\n",'a');
    printf ("문자형상수 A의 ASCII코드값=%d\n",'A');
    printf ("문자형상수 2의 ASCII코드값=%d\n",'2');
  }
```

◆ 실행결과

```
문자형상수 a의 ASCII코드값=97
문자형상수 A의 ASCII코드값=65
문자형상수 2의 ASCII코드값=50
```

설명

문자형 상수는 1byte크기로 문자와 값이 1:1 대응하여 ASCII 코드값으로 표현된다.

프로그램 3-6

```
/* 문자형 상수의 출력 예 */
#include <stdio.h>
void main ( )
  {
    printf ("%c",'H');
    printf ("%c",'E');
    printf ("%c",'L');
    printf ("%c",'L');
    printf ("%c",'O');
  }
```

◆ 실행결과

```
HELLO
```

(3) 문자열(string) 상수

문자열은 문자의 배열로서, 여러 개의 문자들이나 숫자 혹은 단일문자가 이중인용부호(" ")안에 존재하는 상수를 의미하며 문자열 상수가 기계어 코드로 변환되어 메모리에 저장될 때는 마지막에 null문자(₩0)가 자동으로 추가된다. 또한 문자열은 메모리 공간에 저장되면 그 주소 값이 자동으로 반환되는 특징을 가지고 있다.

◉ 문자열상수 "MUSIC"의 메모리 저장 예

'M'	'U'	'S'	'I'	'C'	'₩0'

따라서 문자열 상수를 출력할 때는 null 문자가 나올 때까지 출력한다. 이러한 null 문자에 의해서 문자열 상수임이 인식되며 문자열 상수로 출력하고자 할 경우 형식지정 제어문자는 %s로 해야만 된다.

☞ 문자열 상수 예

- 문자들의 집합 : "MUSIC", "Hello C world"
- 숫자 : "234"
- 단일문자 : "e", "a", "M"

프로그램 3-7

```
/* 문자열 상수의 출력 예 */
#include <stdio.h>
void main ( )
  {
    printf ("%s","M");
    printf ("%s","U");
    printf ("%s","S");
    printf ("%s","I");
    printf ("%s \n","C");
  }
```

◆ 실행결과

```
MUSIC
```

프로그램 3-8

```
/* 문자열 상수의 출력 예 */
   #include <stdio.h>
   void main ( )
     {
       printf ("%s\n", "No pains, no gains.");
     }
```

◆ 실행결과

```
No pains, no gains.
```

(4) 실수형 상수(float형)

실수형 상수는 소수점이나 지수부가 존재하는 자료를 나타내며 실수형 상수를 표시할 때는 정수부, 소수부, 지수부로 나누어 표현한다. 실수형 상수는 소수점이 존재하는 형태로 출력하고자 할 경우는 형식지정제어 문자를 %f로 해야 하며 지수형태로 출력하기를 원하면 %e의 제어문자를 printf함수문에서 지정해 주어야 한다.

☞ 실수형 상수 예

1234.56, 123.456e2, 3.14159

프로그램 3-9

```
/* 실수형 상수의 출력 예  */
#include <stdio.h>
void main( )
```

```
{
   printf ("%f\n",123.45);
   printf ("%f\n",15.0);
   printf ("%e\n",123.45);
   printf ("%e\n",15.0);
}
```

◆ 실행결과

```
123.450000
15.000000
1.23450e+02
1.50000e+01
```

설명

형식지정 제어문자 %f는 소수점 이하 6자리까지 출력하며 소수점 이하 7자리 이상의 자료에서는 소수점 7자리에서 반올림하여 출력한다. 또한 %e는 소수점 이하 5자리까지 출력된다.

3.1.2 변수(variable)

변수란 프로그램에서 데이터를 저장할 수 있는 메모리 공간의 이름을 말하는데 그 종류로는 정수형 변수, 문자형 변수, 실수형 변수 등이 있다.

변수들은 자료의 형태 즉, 정수형, 실수형, 문자형에 따라 각기 다른 크기로서 주기억 공간이 확보되며, 이러한 변수를 C 프로그램 내에서 사용하기 위해서는 다음과 같은 적절한 변수 선언형식을 갖추어야 한다.

◉ 변수 선언형식

1개 변수선언	초기값을 지정하지 않는 경우	자료형 변수명; (data type) (variable name)
	초기값을 지정하는 경우	자료형 변수명 = 초기값;
여러 개의 변수선언	초기값을 지정하지 않는 경우	자료형 변수명1, 변수명2, … ;
	초기값을 지정하는 경우	자료형 변수명1 = 값1, 변수명2 = 값2, … ;

◉ 변수의 사용규칙

C언어 프로그래밍에서 변수를 사용하기 위해서 반드시 지켜야 할 규칙은 다음과 같다.

① 변수명을 구성하는 요소는 영문자, 숫자(0~9), 밑줄(_) 등이다.

② 변수명의 첫 글자는 반드시 영문자나 밑줄로 시작해야 한다.

③ 미리 약속된 예약어(reserved word)는 변수명으로 사용할 수 없다.

④ 공백은 변수명 내에 포함될 수 없다.

⑤ 변수명을 영문자로 구성할 경우에 대문자와 소문자는 별개의 서로 다른 문자로 간주된다.(예 : k과 K은 서로 다른 변수)

☞ 올바른 변수명 사용 예

music, cont2, ab234, AB_cd, A12_34, _kim, Lee4

☞ 틀린 변수명 사용 예

2Ab2, ab#3, 1278_ab, ab%c, ABC D

설명

① 2Ab2, 1278_ab는 변수명의 첫 글자에 숫자가 올 수 없다.

② ab#3, ab%c는 변수명에 특수문자가 포함될 수 없다.

③ ABC D는 공백이 변수명에 포함될 수 없다.

(1) 정수형 변수(integer variable)

정수형 변수를 C프로그램에서 사용하기 위해서는 자료의 표현범위를 고려해서 적절한 자료형의 종류를 다음과 같이 지정해 주어야 한다.

◉ 정수의 자료형 종류와 표현범위

정수의 자료형 종류	주기억공간상의 자료형의 크기	표현범위	입출력 형식지정 제어문자(서식)	특징
int	4 byte	-2,147,483,648~ 2,147,483,647	%d	부호 있는 경우 표현
long	4 byte	-2,147,483,648~ 2,147,483,647	%ld	
unsigned int	4 byte	0~4,294,967,295	%u	부호 없는 경우 표현
unsigned long	4 byte	0~4,294,967,295	%lu	

◉ 주의

2,147,483,647보다 큰 수치자료를 int형으로 선언할 경우, 확보된 주기억 공간상에 적절하게 자료를 표현할 수 없는 오버플로워(overflow) 현상이 발생한다.

프로그램 3-10

```
/* 자료형종류(정수)에 따른 자료형의 크기 (size) */
#include <stdio.h>
void main ( )
  {
    int Gap1;                    /* Gap1변수는 int형 선언 */
    long Gap2;                   /* Gap2변수는 long형 선언 */
    unsigned int Gap3;           /* Gap3를 unsigned int형 선언 */
    unsigned long Gap4;          /* Gap4를 unsigned long형 선언 */

    printf ("자료형 int의 주기억 공간상의 크기는 %d
          byte이다\n", sizeof(Gap1));
    printf ("자료형 long의 주기억 공간상의 크기는 %d
          byte이다\n", sizeof(Gap2));
    printf ("자료형 unsigned int의 주기억 공간상의 크기는 %d
          byte이다\n", sizeof(Gap3));
    printf ("자료형 unsigned long의 주기억 공간상의 크기는 %d
          byte이다\n", sizeof(Gap4));
  }
```

◆ 실행결과

```
자료형 int의 주기억공간상의 크기는 4byte이다.
자료형 long의 주기억공간상의 크기는 4byte이다
자료형 unsigned int의 주기억공간상의 크기는 4byte이다
자료형 unsigned long의 주기억공간상의 크기는 4byte이다
```

설명

printf문내의 sizeof 연산자는 변수의 자료형이 주기억공간상에 확보되는 공간의 크기를 표현해 주는 연산자이다.

프로그램 3-11

```
/* 변수 선언시 초기값 지정과 적절한 제어문자 사용에 의한 출력 예 */
  #include <stdio.h>
  void main (  )
    {
      int su1=30000;
      long su2=40000;
      unsigned long su3=8000;
      printf("su1값=%d\n",su1);
      printf("틀린su2값=%d\n",su2);
      printf("정확한su2값=%ld\n",su2);
      printf("정확한su3값=%lu\n",su3);
    }
```

◆ 실행결과

```
su1값= 30000
틀린 su2값=-25536
정확한 su2=40000
정확한 su3값=8000
```

설명

① 변수 선언시 초기값을 int su1=30000과 같이 지정 가능하다.

② 자료형의 종류에 맞는 형식지정 제어문자를 사용해야 정확한 결과를 출력할 수 있다.

프로그램 3-12

```
/* 같은 자료형인 경우 여러 개의 변수를 선언 */
  #include <stdio.h>
  void main ( )
    {
      int a=10, b=20, c=30;
      printf ("a=%d, b=%d, c=%d\n", a, b, c);
    }
```

◆ 실행결과

```
a=10, b=20, c=30
```

설명

① printf 문에서 자료출력은 형식지정제어문자와 변수간의 순서에 맞게 출력한다.

② printf ("a=%d, b=%d, c=%d₩n", a, b, c);

```
          ⬆       ⬆       ⬆
변수      a       b       c의 값이 출력되는 위치
```

(2) 실수형 변수(float variable)

소수점을 포함하는 실수의 상수를 주기억공간에 저장하기 위해 사용되는 자료형으로 float형과 double형 두 가지가 존재한다. 실수형의 자료구조는 부호를 구별하는 최상위 비트의 부호비트, 자료의 크기와 관련한 지수부, 유효숫자의 범위와 관련 있는 가수부로 이루어진다.

◉ **실수형 변수선언 형식**

☞ 초기값을 주지 않는 경우

```
float 변수명;
double 변수명1, 변수명2; … ;
```

☞ 초기값을 주는 경우

```
float 변수명=초기값;
double 변수명1=값1, 변수명2=값2, ... ;
```

◉ 자료형에 따른 유효숫자 표현범위

자료형 종류	자료형 크기	표현범위	특 징	형식지정제어 문자
float형	4 byte	-3.4e+38 ~ 3.4e+38	* 부호 1bit, 지수부 8bit, 가수부 23bit로 표현 * 단정밀(single precision) 실수형 * 소수점이하 6자리까지 기억 가능	%f (십진형) %e (지수형)
double형	8 byte	-1.7e+308 ~ 1.7e+308	* 부호 1bit, 지수부 11 bit, 가수부 52bit로 표현 * 배정밀(double precision) 실수형 * 소수점이하 14자리까지 기억가능	%f (십진형) %e (지수형)

프로그램 3-13

```
/* 실수형 변수의 선언과 자료출력 예 */
#include <stdio.h>
void main ( )
  {
    float Gap1;
    Gap1=45.1278;
    printf("10진형Gap1=%f\n",Gap1);
    printf("지수형Gap1=%e\n",Gap1);
    printf("Gap1+10=%f\n", Gap1+10);
  }
```

◆ 실행결과

```
10진형 Gap1=45.127800
지수형 Gap1=4.51278e+01
Gap1+10=55.127800
```

설명

① 출력제어문자 %f는 소수점이하 6자리까지 표현한다.

② 출력제어문자 %e는 소수점이상 1자리, 소수점이하 5자리를 가지는 지수형태로 표현한다.

(3) 문자형 변수(character variable)

문자형 변수는 문자를 주기억 장소에 기억시키기 위해 사용되는 자료형으로 기억장소에 확보되는 공간 크기는 1byte이며 문자하나에 고유한 1개의 ASCII 코드값이 1:1로 대응하여 기억장소에 저장된다. 문자형 변수의 자료형 종류로는 부호비트가 있는 char형과 부호비트가 존재하지 않는 unsigned char형이 있다.

◉ 문자형 변수 선언형식

```
• char  변수명;
• unsigned char  변수명;
```

◉ 문자형 변수의 자료형 종류와 표현범위

자료형 종류	표현범위	특징	형식지정 제어문자
char형	-128～127의 ASCII코드값을 가지는 문자	부호비트가 있다.	%c
unsigned char형	0～255사이의 ASCII코드값을 가지는 문자	부호비트가 없다.	

프로그램 3-14

```
/* 문자형 변수의 자료형 선언과 출력예 */
#include <stdio.h>
void main( )
  {
    char munja1, munja2;
    munja1='w';
    munja2='x';
    printf("문자%c의 ASCII 코드값은 %d이다. \n",
    munja1, munja1);
    printf("문자%c의ASCII 코드값은 %d이다. \n",
    munja2, munja2);
  }
```

◆ 실행결과

```
문자 w의 ASCII 코드값은 119이다.
문자 x의 ASCII 코드값은 120이다.
```

설명

munja1의 문자형 변수에 'w'라는 문자가 대입되므로 주기억장소에 w에 1:1대응되는 ASCII 코드값 119가 8비트로 저장됨을 의미한다.

3.2 자료형의 변환

C언어를 이용하여 프로그램을 구성할 경우 앞 절에서 설명한 바와 같이 다양한 형태의 자료형이 사용되어진다. 이러한 자료형은 주기억 공간상에서 각기 다른 형태로 저장되어질 뿐만 아니라 특징 또한 각각 다르다. 서로 다른 자료형의 데이터를 동일한 연산에 사용할 때는 데이터의 자료형 변환이 요구되어진다. 자료형 변환의 종류로는 우선순위에 의한 자료형 변환과 cast연산자에 의한 자료형 변환 그리고 대입연산자에 의한 자료형 변환이 있다.

3.2.1 우선순위에 의한 자료형 변환

동일한 연산에 여러 개의 자료형이 혼합되어 사용되어질 때는 주기억 공간상에서 차지하는 공간 크기가 작은 자료형이 공간크기가 큰 쪽의 자료형으로 자동적으로 변환되어 연산이 되는 것은 우선순위에 의한 자료형 변환이라고 한다.

◉ 자료형 변환에서의 우선순위

char ➡ unsigned char ➡ int ➡ unsigned int ➡
long ➡ unsigned long ➡ float ➡ double

(➡ 자료형 변환의 방향)

프로그램 3-15

```
/* 우선순위에 의한 자료형 변환의 예 */
  #include <stdio.h>
  void main( )
    {
      char munja='a';
      int gap=34;
      float silsu=212.34, hap;
      hap=munja+gap+silsu;
      printf(" hap의 값 = %f \n", hap);
    }
```

◆ 실행결과

```
hap의 값 = 343.339999
```

설명

문자형 변수 munja가 실수형 변수로 변환되고 정수형 변수 gap이 실수형으로 변환되어, silsu에 저장된 값과 최종 합산이 되어 hap이라는 변수가 있는 주기억공간에 4byte로 연산 결과가 저장된다.

3.2.2 cast 연산자에 의한 자료형 변환

프로그램상에 이미 선언된 자료형을 프로그래머가 강제적으로 cast연산자를 이용하여 다른 자료형으로 변환시키는 경우를 나타내는데 변환대상은 상수, 변수, 수식 등이다.

◉ cast연산자 사용 형식

```
(자료형) 변환대상
```

☞ 상수의 변환 예

(int) 4.7 ➡ 실수 4.7이 정수형으로 변환된다.

(float) 10 ➡ 정수 10이 실수형으로 변환된다.

☞ 변수의 변환 예(이미 선언된 변수의 자료형이 정수형(int a;)일 경우)

(float) a ➡ 정수형 변수가 실수형으로 변환된다.

☞ 수식의 변환 예 (변수 x, y가 실수형으로 선언되어져 있을 경우)

(int) (x+y) ➡ x+y한 결과가 정수형으로 변환된다.

프로그램 3-16

```
/* cast연산자에 의한 자료형 변환 */
  #include <stdio.h>
  void main( )
    {
      float gap1, gap2;
      gap1 = 24.0;
      gap2 = 3.0;
      printf(" gap1+gap2=%f \n", gap1+gap2);              /* ① */
      printf(" gap1/gap2=%d\n", (int)gap1/(int)gap2);     /* ② */
    }
```

◆ 실행결과

```
gap1+gap2=27.000000
gap1/gap2=8
```

설명

① 합 연산에서는 gap1, gap2변수가 이미 선언된 자료형인 실수형으로 연산된다.

② 나눗셈 연산에서는 변수 gap1, gap2가 정수형으로 변환되어 연산된다.

3.2.3 대입 연산자에 의한 자료형 변환

C프로그램에서는 대입 연산자인 '='를 사이에 두고 왼쪽과 오른쪽의 데이터 자료형이 서로 다른 경우가 발생할 수 있다. 이러한 경우 오른쪽의 자료형이 왼쪽의 자료형으로 변환된다.

🍎 프로그램 3-17

```
/* 대입 연산자에 의한 자료형 변환 예 */
 #include <stdio.h>
 void main( )
   {
     int gap1, gap2;
     float sum;
     gap1=2, gap2=4;
     sum=gap1+gap2;
     printf(" sum의 값 = %f \n", sum);
   }
```

◆ 실행결과

```
sum의 값 = 6.000000
```

설명

변수 gap1, gap2는 정수형 변수지만 '='연산자 우측의 sum변수가 실수형 변수이므로 gap1+gap2한 결과는 실수형으로 변환된다.

3.3 기억장소에 따른 변수분류

C언어를 이용하여 정확한 연산결과를 얻기 위해서는 프로그램에 사용되는 변수의 유효 적절한 기억장소 선택이 매우 중요하다. 왜냐하면 기억장소의 종류에 따라 변수의 유효범위와 수명이 결정되기 때문이다. 기억장소에 따른 변수분류에서는 자동변수, 정적변수, 외부변수, 레지스터변수 등으로 나타낼 수 있다.

3.3.1 자동변수(auto variable)

프로그램 구성시 변수를 자동변수로 선언할 경우 변수의 유효범위와 유효한 값을 유지하는 변수의 수명은 선언된 해당 블록이나 함수 내에서만 가능하다. 즉 해당함수의 실행이 끝나면 자동변수에 할당된 기억공간이 없어져 버리기 때문이며 따라서 메모리공간을 많이 차지하는 긴 프로그램에서 메모리공간을 효율적으로 사용하는데 적합한 변수선언 형태이다. 자동변수의 선언형식은 다음과 같다.

◉ 선언형식

```
auto    "데이터 type"    변수명;
```

자동변수를 선언할 때 auto는 생략 가능하다.

프로그램 3-18

```
/* 자동변수에 의한 program예 */
#include <stdio.h>
void main( )
  {
    int a=1, b=2, c=3;                              /*1행*/
    printf("a=%d, b=%d, c=%d\n", a, b, c);          /*2행*/
    { int a=4, b=5, c=6;                            /*3행*/
    printf("a=%d, b=%d, c=%d\n", a, b, c);          /*4행*/
  }
}
```

◆ 실행결과

```
a=1, b=2, c=3
a=4, b=5, c=6
```

설명

① 1행에서 선언된 자동변수 a, b, c는 1행에서부터 4행까지의 블록에서 유효하지만 3행 블록에서 다시 선언되므로 3, 4행의 블록에서는 a, b, c가 각각 4, 5, 6이 대입되어 출력된다.

② 2행에서는 출력은 1행에서 선언된 a, b, c 값인 1, 2, 3이 출력된다.

3.3.2 정적변수(static variable)

정적변수는 함수나 블록 내에서 지정되는 내부정적변수와 함수를 벗어나 지정되는 외부정적변수로 분류된다. 여기서 정적변수 선언형식은 다음과 같다.

◉ 선언형식

```
static    "데이터 type"    변수명;
```

(1) 내부정적변수

내부정적변수는 자동변수와는 달리 프로그램 실행 후에도 값이 소멸되지 않고 유효한 값이 유지되는 특성이 있다. 한편 내부정적변수는 변수가 선언된 블록이나 함수 밖에서 변수가 이용될 경우에는 error가 발생한다.

프로그램 3-19

```
/* 내부정적변수 선언의 프로그램 예 */
#include <stdio.h>
void no_ret( )
  {
     int x=0;
     static int y=5;
     x=x+2;
     y=y-1;
     printf("x값=%d, y값=%d\n", x, y);
  }

void main( )
  {
     int i;
     for(i=0; i<3; i++)
     no_ret( );
  }
```

◆ 실행결과

```
x값=2, y값=4
x값=2, y값=3
x값=2, y값=2
```

설명

① no_ret( )함수문내에서 x변수는 자동변수, y는 정적변수로 선언되었으므로 y는 내부정적변수이다. i=o에서 조건(i<3)을 만족하므로 no_ret( )함수를 호출하면 x값은 2, y값은 4가 되어 출력된 다음 주함수문으로 복귀된다.

② 주함수문으로 복귀될 경우 x값은 자동변수로 지정되어 있으므로 2값을 소멸하고 y값은 정적변수이므로 4값을 그대로 유지하여 다음 연산(i=1, 2)에 반영된다.

```
static int a;
void main( )
   {
      int x, y, z;
            .
            .
    }
```

(2) 외부정적변수

외부정적변수는 함수밖에 선언되는 것으로 다음과 같은 형태로 구성된다. 외부정적변수는 전체 프로그램 실행이 종료될 때까지 값을 유지하여 선언 이후의 어떠한 함수에서도 유효한 특징이 있다.

프로그램 3-20

```
/* 외부정적변수를 이용한 프로그램 예 */
static int x=5;
void k1f( )
  {
    int y=7;
```

```
        printf("x값=%d, y값=%d\n", x, y);
    }

static int a=10;
void main( )
    {
        static int b=12;
        k1f( );
          {
              printf("a값=%d, b값=%d\n", a, b);
              printf("x값=%d, b값=%d\n", ++x, b);
          }
        printf("x값=%d, a값=%d\n", --x, a);
    }
```

◆ 실행결과

```
x값=5,   y값=7
a값=10, b값=12
x값=6,   b값=12
x값=5,   a값=10
```

설명

함수밖에 선언된 외부정적변수는 다음 행의 실행시 그 값이 유효하며 함수내부에 선언된 내부정적변수는 함수를 벗어나 사용할 경우 error가 발생한다.

3.3.3 레지스터 변수(register variable)

레지스터 변수는 변수의 유효범위와 유효한 값을 유지하는 변수수명은 자동변수와 동일하다. 레지스터 변수는 자동변수와 달리 메모리에 변수가 할당되는 것이 아니라 CPU내의 레지스터에 할당된다. 따라서 실행시 CPU밖의 메모리에 있는 자료를 가져오는 것보다 CPU내에 있는 레지스터에서 가져오는 것이 속도면에서 훨씬 빠르다. 자주 이용하는 변수를 레지스터변수로 선언하여 사용하면 실행속도가 빠른 장점이 있지만 레지스터의 개수는 제한되어 있으므로 많은 자료를 할당하는 것이 불가능한 단점이 있다. 레지스터변수의 선언 형식은 다음과 같다.

◉ 선언형식

```
register "데이터 type" 변수명;
```

레지스터는 기억용량이 한정되어 있으므로 데이터가 정수형, 문자형, 포인터형 등에 대해서만 가능하다.

프로그램 3-21

```
/*레지스터변수를 이용한 프로그램 예*/
#include <stdio.h>
void main( )
  {
    register int i;
    for (i=4; i>0; i--)
      {
        register int j=10;
        j=i*j;
        printf("%d\t",j);
      }
    printf("%d\n",i);
  }
```

◆ 실행결과

```
40  30  20  10  0
```

설명

① 레지스터 변수는 블록이나 함수 내에서만 유효한 값을 갖는다.

② printf( ) 함수문내의 ₩t는 출력위치를 한 탭만큼 오른쪽으로 이동하여 출력하라는 의미이다.

③ 최종적인 printf문에서의 i값은 i--연산자에 의해 연산한 후 1감소되는 감소연산자이므로 -1이 출력된다.

④ '*' 기호는 곱셈 연산자이다.

3.3.4 외부변수(external variable)

외부변수는 함수 간에 인수형태의 자료를 전달하지 않고도 자료를 공유하기 위해 정의되는 전역변수를 의미하며 함수외부에서 정의될 경우에는 예약어(extern)는 생략되지만 함수내부에서 정의될 경우에는 반드시 extern 예약어를 사용하여 선언해야 한다.

외부변수의 수명은 전체 프로그램의 실행시작부터 끝까지 유지되는 특성이 있다. 전역변수로서의 외부변수와 외부 static변수의 차이점은 외부변수는 서로 다른 파일 간에도 변수가 공유되지만 외부 static변수는 해당파일 내에서만 자료공유가 가능하다.

◉ 함수 내에서 정의되는 외부변수의 선언형식

extern "데이터 type" 변수명;

프로그램 3-22

```
/*외부변수를 이용한 프로그램 예*/
#include <stdio.h>
void Mul_func( );
void Div_func( );
int x=15, y=5;
void main( )
  {
    int a, b;
    extern int z;
    a=x*y;
    b=x/y;
    printf("x*y=%d\n",a);
    printf("x/y=%d\n",b);
    Mul_func( );
    Div_func( );
    printf("z=%d\n",z);
  }
int z=12;
void Mul_func( )
  {
    printf("x*y=%d\n",x*y);
```

```
    }
  void Div_func( )
    {
      printf("x/y=%d\n",x/y);
    }
```

◆ 실행결과

```
x*y=75
x/y=3
x*y=75
x/y=3
z=12
```

설명

① x, y, z는 함수 밖에서 정의되므로 외부변수이다.

② 외부변수는 함수 간에 인수로서 자료를 전달하지 않아도 자료가 공유되므로 다른 함수(Mul_func( ), Div_func( ))에서도 사용가능하다.

③ 함수 내에서 extern 예약어를 이용하여 외부변수를 선언할 경우에는 초기값을 부여할 수 없고 extern을 생략하여 외부에서 선언할 경우에는 초기값을 부여할 수 있다.

연습문제

1. 상수와 변수를 비교 설명하라.

2. 상수와 변수의 종류를 나열하고 각각의 특징에 대해 기술하라.

3. 문자형 상수 'a'와 문자열 상수 "a"의 차이점을 설명하여라.

4. 변수명의 구성 원칙을 기술하고 예를 2가지씩 기술하라.

5. 다음 프로그램의 결과를 기술하라.

```
#include <stdio.h>
void main( )
  {
    int a=4;
    float b=5;
    char ch='a';
    printf(" %d\n", a);
    printf(" %f\n", b);
    printf(" %c\n", ch);
    }
```

6. 다음 프로그램에서 틀린 부분을 찾아 수정하라.

```
#include <stdio.h>
void main( )
  {
    int 2ab, xy;
    float a$4, b7;
    char ch1;
```

```
    2ab=3, xy=7;
    a$4=5.0 b7=6.0;
    ch="A";
    printf(" %f %d\n", 2ab,xy);
    printf(" %d %c\n", a$4,b7):
    printf(" %s\n", ch)};
}
```

7. 문자 'a'와 'A'의 ASCII코드값을 합해서 10진수로 그 결과를 출력하고 그에 대응되는 문자를 출력하는 프로그램을 기술하라.

8. 데이터형 변환의 종류를 기술하고 각각 설명하라.

9. 자료형 변환에서의 우선순위를 나열하고 간단한 예문을 들어 설명하라.

10. 실수형 변수에서 float형과 double형을 구분하여 특징을 설명하라.

4 표준 입출력함수

프로그래머가 C언어 프로그램을 구성할 때 반드시 요구되는 과정으로 연산한 결과를 모니터를 통해서 확인하는 과정과 키보드를 통해 자주 바뀌는 데이터의 입력과정을 들 수 있다. 이러한 과정을 내장함수(library function)인 표준 입출력함수가 그 기능을 제공하는데 이 장에서 표준 입출력 함수의 종류와 사용방법에 대해 공부해 보기로 하자.

4.1 표준출력함수(standard output function)

표준출력이란 컴퓨터 내부에서 처리된 연산결과를 대표적인 표준출력장치인 모니터를 통해 일정한 형식에 맞추어 출력하는 것을 의미한다. 일반적으로 프로그래밍 언어에서 자료를 출력하는 것은 고유한 출력명령에 의해서 이루어지지만 C언어에서는 include 디렉토리 내에 있는 내장 함수들의 집합체인 stdio.h라는 파일에서 출력함수인 printf( ), putchar( ), puts( ) 등이 그 기능을 제공한다. 출력함수들과 출력형식을 지정하는 이스케이프문자들의 종류와 기능을 요약하면 각각 다음과 같다.

◉ 출력함수의 종류와 기능

출력함수의 종류	기 능
printf( )	연산자료를 일정한 형식에 맞추어 모니터에 출력하는 함수
putchar( )	단일문자를 표준출력장치인 모니터 화면에 출력하는 함수
puts( )	문자열(character string)을 모니터에 출력하는 함수

◉ 이스케이프(Escape)문자의 종류와 기능

Escape문자의 종류	기 능
\n	새로운 줄로 이동하여 출력하라
\r	줄의 처음으로 이동하여 출력하라
\b	한 문자 왼쪽으로 이동하여 출력하라
\t	탭 크기만큼 이동하여 출력하라
\f	프린터 용지를 바꾸어라
\a	경고음을 내라

연산 결과를 일정한 출력형식에 맞추어 출력하기 위해서는 기호 '₩'와 함께 사용되는 이스케이프 문자와 '%'와 함께 사용되는 형식지정 제어문자에 대한 기본적인 이해가 필요하다.

◉ 형식지정 제어문자의 종류와 기능

형식지정 제어문자의 종류	기　　능
%d	printf( )함수문내의 인수값을 10진 정수로 출력
%o	인수값을 8진 정수로 출력
%x	인수값을 16진 정수로 출력
%u	인수값을 부호없는 10진 정수로 출력
%f	인수값을 10진 실수로 출력
%e	인수값을 지수형 실수로 출력
%c	인수값을 단일문자로 출력
%s	인수값을 문자열로 출력
%p	인수값을 메모리 주소로 출력

표준출력함수인 printf( )함수문내에 존재하는 인수들의 출력형식을 좀 더 세밀하게 보완하기 위해서 다음과 같은 확장기호를 유효적절하게 이용해야만 한다.

◉ 확장기호의 종류와 기능

확장기호의 종류	기　　능
m	인수값의 출력공간 폭을 지정(우측기준, 남은 공간은 좌측에 공백으로 남김)
-m	좌측을 기준으로 인수값을 출력하고 우측에는 공백으로 남김
m.n	실수형 인수값을 출력할 경우 전체 자리수(m)와 소수점 이하 자리수(n)를 지정

☞ 사용예(□ : 공백)

⬇출력형식지정　　⬇모니터 출력상태

a변수 34560l 저장	① %5d	□3456 (전체 자리 수:5자리)
	② %-6d	3456□□
b변수에 123.4560l 저장	③ %6.2f	123.46 (소수점 이하 3자리 수에서 반올림하여 표현)

4.1.1 printf( )함수

숫자, 문자, 문자열 등의 자료들을 원하는 출력형식에 맞추어 출력시키는 함수로서 printf 함수의 사용형식은 ( )내에 출력 형식지정 제어문자열과 출력하고자하는 인수들로 구성된다.

◉ printf함수의 사용형식

```
① 메시지 출력:
      printf("메시지");

② 인수값 출력:
      printf("출력 형식지정 제어문자열 ", 인수1,인수2, … );
```

인수들은 숫자, 문자, 문자열이거나 이러한 값을 갖고 있는 변수들을 나타내며 형식지정 제어문자와 인수값에는 나오는 순서대로 대응하여 출력된다.

☞ 사용 예

```
printf(" %d + %d = %d ", 2, 3, 2+3);
         ⬆    ⬆    ⬆
         2    3   2+3
```

프로그램 4-1

```
/* printf함수의 사용형식 예 */
  #include <stdio.h>
  void main( )
   {
     printf("나는 컴퓨터프로그램 재능을 가진 학생이다\n");
     printf("나는 %s 재능을 가진 학생이다\n","컴퓨터프로그램");
   }
```

◆ 실행결과

```
나는 컴퓨터프로그램 재능을 가진 학생이다
나는 컴퓨터프로그램 재능을 가진 학생이다
```

설명

① printf( )함수문내에 인수가 없으면 " "부호 안의 메시지 "나는 컴퓨터프로그램 재능을 가진 학생이다"를 모두 출력시킨다.

② "컴퓨터프로그램"이라는 인수가 있을 때는 출력형식에 맞추어 형식지정제어문자(%s)가 있는 곳에 출력시킨다.

프로그램 4-2

```
/* 정수형 상수 및 정수형 변수의 출력 예 */
  #include <stdio.h>
  void main( )
    {
      long int x=345678;
      int a=10, b=20, sum;
      sum=a+b;
      printf("%d %d\n", 4, 6);
      printf("sum값 : %d + %d =%d\n", a, b, sum);
      printf("%3d\n", 5);
      printf("%-4d\n", 5);
      printf("%ld\n", x);
    }
```

◆ 실행결과

```
4 6
sum값 : 10 + 20 = 30
□  5
5□
345678
```

설명

- 정수형 상수 및 변수들이 순서에 맞추어 10진 정수형 제어문 자인 %d에 의해 출력된다.
- %3d는 정수 5를 우측에서 기준, 전체 자리 수 3자리이므로 좌측에 공백표시가 된다.
- %-4d는 정수 5를 좌측에서 기준, 전체 자리 수 4자리이므로 우측에 공백표시가 된다.
- 긴 정수형 변수(long)의 형식지정 제어문자는 %ld이다.

프로그램 4-3

```
/* 실수형 상수 및 변수의 출력 */
  #include <stdio.h>
  void main( )
    {
      float silsu1=56.7892;
      printf("%f \n", silsu1);                /* ① */
      printf("%9.4f \n", silsu1);             /* ② */
      printf("%-9.4f \n", silsu1);            /* ③ */
      printf("%6.3f \n", silsu1);             /* ④ */
      printf("%e \n", silsu1);                /* ⑤ */
      printf("%9.4e \n", silsu1);             /* ⑥ */
    }
```

◆ 실행결과

```
56.789200
□  56.7892
56.7892□
56.789
5.67892e+01
5.679e+01
```

설명

① %f는 소수점이하 6자리까지 출력된다.

② %9.4f는 우측을 기준으로 전체 자리 수 9자리에 소수점이하 4자리수로 표현하고 남는 두 자리 수는 좌측에 빈 공백으로 출력된다.

③ %-9.4f는 기준을 좌측부터 하는 것 외는 내용에서 ②와 동일하다.

④ %6.3f는 전체 자리 수 6자리에 소수점이하 3자리까지 표현하므로 소수점 4자리 수에서 반올림하여 출력된다.

⑤ %e는 소수점 이상 1자리, 소수점 이하 5자리까지 출력한다.
단, 소수부가 5자리가 없으면 소수점 이하 6째 자리에서 반올림하여 출력된다.

⑥ 전체 자리 수 9자리에 소수점 이상 1자리로 출력되므로 소수점 이하 4째 자리에서 반올림하여 출력된다.

프로그램 4-4

```
/* 문자형 상수, 변수 및 문자열의 출력 예 */
  #include <stdio.h>
  void main( )
    {
      char munja='k';
      char munstr[15]="Good morning";
      printf("문자형 상수 %c\n", 'a');            /* ① */
      printf("문자형 변수 %2c\n", munja);         /* ② */
      printf("문자열 %15s\n", munstr);            /* ③ */
      printf("%s\n", "Hello C world!");           /* ④ */
    }
```

◆ 실행결과

```
문자형 상수 a
문자형 변수 □k
문자열 □      Good morning
Hello C world!
```

설명

① 문자형 상수 a가 형식 지정자 %c위치에 출력

② 문자형 변수 munja에 기억되어 있는 문자 k가 %2c 위치에 출력, 2c이므로 좌측에 k를 출력하고 우측에 공백하나가 발생한다.

③ 문자열 변수 munstr에 기억된 값이 %s 위치에 출력되는데 우측을 기준으로 출력하고 남은 좌측 3자리는 공백이 된다.

④ 문자열 상수 "Hello C world!"가 문자열 상수 형식지정자인 %s 위치에 출력된다.

4.1.2 putchar( )함수

C언어에서는 하나의 문자를 모니터에 출력시키고자 할 때 putchar( )함수를 사용한다. 이와 같은 기능을 제대로 수행하기 위해서는 프로그램 시작부분에서 putchar( )함수가 포함되어 있는 stdio.h라는 헤더 파일을 반드시 선언해 주어야 한다.

◉ putchar( )함수 사용형식

```
putchar( 인수 );
```

putchar함수의 인수로는 문자형 상수, 문자형 변수, 정수상수, 정수변수, 수식 등이 올 수 있으며 만약 정수가 인수로 올 경우에는 그 정수의 ASCII코드값에 대응되는 문자가 출력된다.

프로그램 4-5

```
/* putchar( )함수의 사용 예 */
/* 인수가 문자형 상수 */
  #include <stdio.h>
  void main( )
    {
      putchar( 'M' );
      putchar( 'U' );
      putchar( 'S' );
      putchar( 'I' );
      putchar( 'C' );
    }
```

◆ 실행결과

```
MUSIC
```

설명

( )안에 있는 인수가 문자형 상수인 경우는 그 문자가 그대로 출력된다. putchar('M'); 를 실행하면 모니터에 M을 출력한다.

프로그램 4-6

```
/* putchar( )함수 사용 예 */
/* 인수는 문자형 변수, 정수, 수식 */
  #include <stdio.h>
  void main( )
    {
      char munja='C';
      putchar(munja);              /* ① : 인수는 문자형 변수 */
      printf("\n");
      putchar(66);                 /* ② : 인수는 정수형 상수 */
      printf("\n");
      putchar(66+2);               /* ③ : 인수는 수식 */
    }
```

◆ 실행결과

```
C
B
D
```

설명

① putchar( )함수의 인수가 문자형 변수(munja)인 경우는 그 문자형 변수에 기억된 문자 C가 출력된다.

② 인수가 정수형 상수인 경우는 그 정수 상수값의 ASCII코드값(66)에 대응되는 문자인 B가 출력된다.

③ 인수가 수식인 경우는 그 수식의 결과값 68의 ASCII코드값에 대응되는 문자 D가 출력된다.

4.1.3 puts( )함수

이중 인용부호인 " "안에 존재하는 여러 개의 문자들로 구성된 문자열을 표준출력장치인 모니터에 출력시키는 함수이다.

◉ puts( )함수 사용형식

```
puts("문자열");
```

프로그램 4-7

```
/* puts( )함수의 사용 예 */
  #include <stdio.h>
  void main( )
    {
      puts("No");            /* ① : 문자열 출력 */
      printf("\t");          /* ② : "\t"에 의한 출력 예 */
      puts("pains,");
      printf("\t");
      puts("no");
      printf("\t");
      puts("gains");
    }
```

◆ 실행결과

```
No
    pains,        no
    gains
```

설명

① puts함수에 의해 NO문자열이 출력된다. 또한 puts 함수는 자동적으로 새로운 줄로 줄 바꿈 된다.

② 문자열 "No"와 문자열 "pains"간의 간격을 탭 크기만큼 이동하여 출력한다.

4.2 표준입력함수(standard input function)

C언어로 프로그래밍하여 시스템 설계자가 원하는 정확한 결과를 산출하기 위해서는 프로그램 내부로 데이터를 입력하는 과정이 필요하다. 컴퓨터 내부로의 자료 입력방법은 여러 형태가 있는데 그 중에서 표준입력이란 표준입력 장치인 키보드(keyboard)를 통해 연산에 필요한 데이터를 입력하는 것을 의미한다. 표준입력함수도 표준출력함수와 마찬가지로 표준입력함수를 사용하기 위해서는 이러한 함수가 존재하는 include디렉토리내의 stdio.h라는 헤더 파일을 전처리문에 선언해야 한다. 입력함수의 종류로는 scanf( ), getch( ), gets( ) 등이 있으며, 버퍼 오버런(buffer overrun) 오류방지의 보안 기능이 추가된 scanf_s( ), gets_s( ) 등이 있다. 표준입력함수의 입력형식을 지정하는 형식 지정 제어문자는 표준출력함수에서 사용된 제어문자와 동일하다.

◉ 입력함수의 종류와 기능

입력함수의 종류	기 능
scanf( )	입력하는 형식에 맞추어 키보드를 통하여 데이터를 입력하는 함수
scanf_s( )	scanf( )함수와 동일 문자나 문자열 입력 시에 버퍼 크기 지정
getchar( )	단일문자를 표준입력장치인 키보드를 통하여 입력하는 함수
gets( )	키보드를 통하여 문자열을 입력하는 함수
gets_s( )	gets( )함수와 동일 문자열에 대한 입력 버퍼크기 지정 필요

4.2.1 scanf( )함수, scanf_s( )함수

scanf( )함수는 표준입력 장치인 키보드를 통하여 입력형식에 맞추어 데이터를 입력받아 지정된 변수에 저장시키는 함수이다. scanf( )함수의 사용형식은 다음과 같다.

◉ scanf( ) 함수의 사용형식

```
scanf("입력형식 지정 제어문자열", &변수1, &변수2, ······ );
```

변수 앞의 &기호는 데이터가 입력될 변수의 주소를 의미한다.

scanf_s( )함수는 scanf( )함수와 동일하며, 버퍼 크기를 미리 지정함으로써 버퍼 오버런을 방지하는 보안(security) 기능이 강화된 함수이다. 두 함수의 차이는, scanf_s( )함수에서 입력형식을 지정하는 제어문자가 %c 또는 %s일 경우, 버퍼의 크기를 명시하여야 한다는 점이다.

scanf_s( )함수의 사용형식은 다음과 같다.

◉ scanf_s( ) 함수의 사용형식

```
scanf_s("형식 지정 제어문자열", &변수1, 크기1, &변수2, … );
```

☞ 사용 예

```
scanf_s("%d %d  %c  %s", &x, &y, &ch, 1,  c_string, 5);
         ⬇   ⬇   ⬇   ⬇          문자 크기↗  문자열 크기↗
    변수 x   y   ch  c_string에 저장
```

예에서와 같이 입력형식을 지정하는 제어문자는 반드시 이중 인용부호 " "안에 기술하여야 하며, 만일 키보드로 3, 5, A, abcd를 입력하였다면 x=3, y=5, ch='A', c_string="abcd"가 된다. 한편, 배열에 문자열 데이터를 입력하고자 할 경우는 배열이름 자체가 시작 주소를 나타내므로 '&'기호를 생략하여야 한다.

☞ 사용 예

```
char x[8];                    char x[8];
scanf("%s", x);               scanf_s("%s", x, 8);
```

키보드를 통해 입력되는 문자열이 x라는 문자열 배열의 시작주소에서부터 저장된다.

Visual Studio 2012에서는 보안을 위해서 scanf_s( )함수의 사용을 권장하며, scanf( )함수가 사용된 프로그램을 빌드하면 아래와 같은 에러 메시지를 발생시킨다.

```
error C4996: 'scanf': This function or variable may be unsafe. Consider using scanf_s instead. To disable deprecation, use
_CRT_SECURE_NO_WARNINGS. See online help for details.
```

보안성 측면에서 문자나 문자열 입력 시의 버퍼 오버런 취약성이 해결된 scanf_s( )함수를 사용하는 것이 더 바람직하다. 만일 scanf( )함수를 사용하고자 할 경우에는 다음과 같이 _CRT_SECURE_NO_WARNINGS 정의를 추가하면 위의 에러 메시지가 나타나지 않는다.

[프로젝트(P)] - [프로젝트 속성(Alt+F7)] - [구성 속성(Configuration properties)] - [C/C++] - [전처리기(Preprocessor)] - [전처리기 정의(Preprocessor Definitions)] → 편집/추가: _CRT_SECURE_NO_WARNINGS

프로그램 4-8

```
/* scanf_s( )함수의 사용 예 */
/* 정수형 데이터 입력 */
  #include <stdio.h>
  void main( ) {
    int x, y, hap, gop;
    printf("정수형 데이터를 입력하시오!...\n");
    scanf_s("%d %d", &x, &y);              /* ① 정수형 데이터입력 */
    hap = x + y;
    gop = x * y;
    printf("%d와 %d의 합은 %d이다. \n", x, y, hap);
    printf("%d와 %d의 곱은 %d이다. \n", x, y, gop);
  }
```

◆ 실행결과

```
정수형 데이터를 입력하시오!...4 5 ↵
4와 5의 합은 9이다.
4와 5의 곱은 20이다.
```

설명

① 정수형 데이터 입력의 형식지정 제어문자는 %d인데 키보드로 4와 5를 입력하면 x와 y에 각각 4와 5가 저장된다.

프로그램 4-9

```
/* scanf_s( )함수 사용 예 */
  #include <stdio.h>
  void main( )
    {
      float silsu1, silsu2;
      printf("실수형 데이터를 입력하시오!...");
      scanf_s("%f %f", &silsu1, &silsu2);
      printf("입력된 실수는 각각 %f와 %f이다.\n", silsu1, silsu2);
    }
```

◆ 실행결과

```
실수형 데이터를 입력하시오!...2.5 4.5 ↵
입력된 실수는 각각 2.500000와 4.500000이다.
```

설명 실수형 데이터 입력시에 형식지정 제어문자는 %f이다.

프로그램 4-10

```
/* scanf_s( )함수 사용 예3 (문자열 데이터 입력) */
  #include <stdio.h>
  void main( )
    {
      char x[10];
      printf("문자열 데이터를 입력하시오!...");
      scanf_s("%s", x, 10);               /* ① : 문자열 데이터 입력 */
      printf("*****출력결과*****\n");
      printf("입력된 문자열 데이터는 %s이다.\n", x);
    }
```

◆ 실행결과

```
문자열 데이터를 입력하시오!...STRING ↵
*****출력결과*****
입력된 문자열 테이타는 STRING이다.
```

설명

① 변수 x는 문자를 저장하는 배열로 선언되어 배열의 시작 주소가 바로 x이므로 '&'기호가 생략되고 문자열 데이터의 형식 지정 제어문자는 %s이다. 버퍼 크기는 문자 배열 x의 크기와 같아야 하며, null('₩0')문자를 고려하여 입력된 문자열의 크기는 이것보다 하나 작은 범위 이내 이어야 한다.

프로그램 4-11

```
/* scanf_s( )함수를 사용한 문자 입력 예 */
  #include <stdio.h>
  void main( )
    {
      char munja1, munja2;
      printf("문자를 입력하시오!...");
      scanf_s("%c %c", &munja1, 1, &munja2, 1);
      printf("나의 이름은 %c%c이다\n", munja1, munja2);
    }
```

◆ 실행결과

```
문자를 입력하시오!... AB[Enter↵]
나의 이름은 AB이다.
```

설명

① 문자형 변수로 선언된 munja1, munja2에 문자를 입력할 경우에는 형식지정 제어문자 %c를 사용하고, 버퍼 크기는 1로 지정해야한다. 키보드로 입력되는 문자는 차례대로 munja1, munja2에 저장된다.

4.2.2. getchar( )함수

getchar( )함수는 단일문자를 표준입력 장치인 키보드를 통해 입력하는 함수를 말한다. getchar( )함수는 인수가 없는 함수로서 getchar( )함수의 사용형식은 다음과 같다.

◉ getchar( )함수 사용형식

```
getchar( );
```

다음 예는 단일 문자를 getchar( )함수로 입력받아 x라는 변수에 저장하여 출력하는 프로그램이다.

프로그램 4-12

```
/* getchar(  )함수 사용예 */
  #include <stdio.h>
  void main( )
    {
      char ch;
      printf("단일문자를 입력하시오!...\n");
      ch=getchar( );
      printf("입력된 문자는 %c 이다.\n", ch);
    }
```

◆ 실행결과

```
단일문자를 입력하시오!... K ↵
입력된 문자는 K이다.
```

프로그램 4-13

```
/* getchar( )와 putchar( )를 이용한 단일 문자 입출력 예 */
  #include <stdio.h>
  void main( )
```

```
{
   char ch;
   printf("단일문자 입력: ");
   ch=getchar( );
   printf("단일문자 출력: ");
   putchar(ch); printf("\n");
}
```

◆ 실행결과

```
단일문자 입력: K ↵
단일문자 출력: K
```

설명

단일문자를 getchar( )함수로 입력받아 ch라는 문자형 변수에 저장하고 putchar( )함수에 의하여 출력된다.

4.2.3. gets( )함수, gets_s( )함수

문자들의 집합체인 문자열을 입력장치인 키보드로부터 입력받는 함수를 gets( )함수와 gets_s( )함수로 정의한다.

◉ gets( )함수 사용형식

```
gets (문자열 변수명);
```

gets( )함수는 단일문자를 입력받는 getchar( )함수와 달리 여러 개의 문자들을 입력받는 함수인데 null('₩0')문자가 입력될 때까지 데이터를 입력 받는다. null문자는 ↵키(Enter key)를 누름으로써 기억장소의 지정된 변수에 입력된다.

◉ gets_s( )함수 사용형식

```
gets_s (문자열 변수명, 버퍼 크기);
```

gets_s( )함수는 메모리 오버런을 방지하기 위해서 버퍼 크기를 지정하고 있다. 버퍼 크기는 (변수 크기)-1 이하이어야 한다.

프로그램 4-14

```
/* gets( )함수 사용예 */
  #include <stdio.h>
  void main( )
    {
      char x[10];
      printf("문자열 데이터를 입력하시오!..\n.");
      gets_s(x, 9);     // gets(x);
      printf("문자열 데이터의 출력 = %s\n", x);
    }
```

◆ 실행결과

```
문자열 데이터를 입력하시오!... HELLO C!↵
문자열 데이터의 출력 = HELLO C!
```

설명

문자열 HELLO C!를 gets_s( )함수를 이용하여 문자배열 변수인 x에 저장하여 printf 함수문으로 문자열 데이터를 출력하는 프로그램이다. gets_s( )함수는 문자와 문자사이의 공백도 입력받을 수 있다. 버퍼 크기는 변수 x[10]의 크기보다 1 작은 9 이하로 지정하여야 하며, 키보드로 입력하는 문자의 개수는 8 이하로 하여야 한다.

연습문제

1. 표준 입출력 함수에 대해 설명하라.

2. 표준 입출력 헤더 파일에 대해 설명하라.

3. 출력형식을 지정하는 이스케이프문자에 대해 설명하라.

4. getchar( ) 함수와 putchar( ) 함수를 이용하여 한 문자를 입력받아 모니터에 출력하는 프로그램을 작성하라.

5. 다음 프로그램의 예상출력을 기술하고 왜 그러한 결과가 나오는지 설명하라.

```
#include <stdio.h>
void main( )
  {
    int x, y;
    float a, b;
    char c;
    c=getchar( );
    putchar(c);
    scanf_s("%d %d", &x, &y);
    a=b=12.0;
    printf("%5d + %4d = %6d\n", x, y, x+y);
    printf("a값=%6.2f, b값=%-7.3f\n", a, b);
  }
```

6. scanf_s( ) 함수와 getchar( ) 함수를 비교 설명하라.

7. scanf_s( ) 함수와 printf( ) 함수를 이용하여 4칙 연산을 수행하는 프로그램을 구성하라.

8. 키보드에서 10진 정수를 하나 입력받아 8진 정수와 16진 정수를 출력하는 프로그램을 구성하라.

5 연산자

수학을 공부함에 있어 가장 먼저 접하게 되는 것이 +, −, ×, ÷ 등의 연산기호이듯이 C언어에 있어서도 연산자는 정확한 결과를 산출하는데 있어 매우 중요한 역할을 하며 특히 C언어에서 제공하는 다양한 연산자는 프로그램을 보다 함축적이면서도 효율적으로 작성할 수 있다. 이 장에서는 C언어에서 제공하는 연산자의 종류와 기능에 대해 공부해 보기로 하자.

5.1 산술연산자(Arithmetic operator)

C언어로 구성된 프로그램 내에서 사용된 데이터 상호간의 산술적인 처리를 지시하는 연산자를 산술연산자라 한다. 산술연산자는 덧셈, 뺄셈, 곱셈, 나눗셈 등의 4칙 연산과 나머지를 구할 때 사용하는 연산자로 구성된다. 4칙 연산에서 곱셈과 나눗셈, 덧셈과 뺄셈 등은 연산의 우선순위는 각각 같으며 산술표현에서 앞서 나온 것을 먼저 처리하는 것을 원칙으로 한다. 산술연산자의 종류와 기능을 요약하면 다음과 같다.

◉ 산술연산자의 종류와 기능

종 류	기 능	사 용 예
+	덧셈	c=a+b(a와 b의 합을 c에 대입)
-	뺄셈	c=a-b(a에서 b를 뺀값을 c에 대입)
*	곱셈	c=a*b(a와 b의 곱을 c에 대입)
/	나눗셈	c=a/b(a를 b로 나눈값을 c에대입)
%	나머지	c=a%b(a를 b로 나눈 나머지 값을 c에 대입)

프로그램 5-1

```
/* 산술연산자의 사용예 */
  #include <stdio.h>
  void main( )
    {
      int gap1=27, gap2=5, Add, Sub, Mul, Div, Nam;
      Add=gap1+gap2;
      Sub=gap1-gap2;
      Mul=gap1*gap2;
      Div=gap1/gap2;
      Nam=gap1%gap2;
      printf("두 수의 합: %d + %d = %d\n", gap1, gap2, Add);
      printf("두 수의 차: %d - %d = %d\n", gap1, gap2, Sub);
      printf("두 수의 곱: %d * %d = %d\n", gap1, gap2, Mul);
      printf("두 수의 나눗셈: %d / %d = %d\n", gap1,gap2, Div);
      printf("두 수의 나눈 나머지:%d%%%d=%d\n",gap1, gap2, Nam);
    }
```

◆ 실행결과

```
두 수의 합 : 27 + 5 = 32
두 수의 차 : 27 - 5 = 22
두 수의 곱 : 27 * 5 = 135
두 수의 나눗셈 : 27 / 5 = 5
두 수의 나눈 나머지 : 27 % 5 = 2
```

설명

모니터에 %를 출력시키고자 할 경우는 이중 인용부호내의 제어문자를 "%%"와 같이 기술해 주어야만 %d의 '%'와 구분되어진다. 또한 '%'의 좌우측 오퍼랜드는 반드시 정수형인 경우에만 사용될 수 있고 그 외 자료형인 경우는 사용할 수 없다.

5.2 관계연산자(Relational operator)

두 데이터가 서로 같은가의 여부와 두 데이터의 크고 작음을 평가하는 연산자로서 결과가 참이면 1, 거짓이면 0이 발생된다. 관계연산자의 종류는 >, <, >=, <=, ==, != 등이 있으며 이러한 연산자의 기능과 사용 예를 정리하면 다음과 같다.

◉ 관계연산자의 종류와 기능

연산자	기능	사 용 예	
>	보다 크다.	x=(y>z);	( )안에 조건: 참 ➡ x = 1 거짓➡ x = 0 대입
<	보다 작다.	x=(y<z);	
>=	보다 크거나 같다.	x=(y>=z);	
<=	보다 작거나 같다.	x=(y<=z);	
==	같다.	x=(y==z);	
!=	같지 않다.	x=(y!=z);	

☞ 사용 예(가정 : y=5 , z=7)

① x=(y〈z) : z에 대입된 값이 7, y값이 5이므로 괄호안의 조건이 참이므로 x에 1이 대입된다.

② x=(y!=z) : y와 z에 대입된 값이 서로 다르므로 조건을 만족하게 된다. 따라서 x에 1이 대입된다.

③ x=(y==z) : y와 z에 대입된 값이 서로 다르므로 조건을 만족하지 못하게 된다. 그러므로 x에는 0이 대입된다.

'=='관계연산자와 '='대입연산자의 비교

'==' 연산자	'==' 연산자의 좌우측 데이터가 서로 같은지를 판단하는 관계연산자
'=' 연산자	'=' 연산자의 우측 데이터의 값이 좌측 변수에 대입되는 대입연산자

프로그램 5-2

```
/* 관계연산자의 사용 예 */
  #include <stdio.h>
  void main( )
    {
      int x, y, z;
      x=7;
      y=12;
      z=(x>y);                    /* ① */
      printf("z=%d\n", z);
      z=(x!=y);                   /* ② */
      printf("z=%d\n", z);
    }
```

◆ 실행결과

```
z = 0
z = 1
```

설명

① x에 대입된 값 7이 y값 12보다 크지 않으므로 조건을 만족하지 못한다. 따라서 z에는 0이 대입된다.

② x값과 y값이 서로 다르므로 ( )안의 조건이 만족된다. 따라서 z에는 1이 대입된다.

프로그램 5-3

```
/* 관계연산자의 사용예 */
 #include <stdio.h>
 void main( )
  {
    int x=12, y=8, z=3, result1, result2;
    char ch='b';
    result1 = x > y > z;
    result2 = ( ch == 'a' + 1);
    printf("result1 = %d\n", result1);
    printf("result2 = %d \n", result2);
  }
```

◆ 실행결과

```
result1 = 0
result2 = 1
```

설명

① 연산자의 우선순위에서 좌측이 우선하므로 먼저 x>y를 연산하면 참이므로 1이 발생한다. 연산결과의 1값과 z에 대입된 값을 연산(1>z)하면 거짓이 된다. 따라서 result1에는 0이 대입된다.

② 문자형변수 ch에 기억되어 있는 문자 'b'의 ASCII코드값이 98이고 'a'+1의 ASCII코드값이 98이므로 ( )안의 연산결과는 참이므로 result2에는 1이 대입된다.

5.3 논리연산자(Logical Operator)

논리 연산자는 여러 개의 조건에 대한 참과 거짓을 판정하고자 하는 경우에 사용되는 연산자이며 그 종류로는 ||(논리합), &&(논리곱), !(논리부정)등이 있다. 논리연산자의 종류와 기능을 요약하면 아래 표와 같다.

◉ 논리연산자의 종류와 기능

종류	기능	사 용 예
||	논리합(OR)	(x>0 || y<=0) ➡한 경우만 만족해도 참
&&	논리곱(AND)	(x>0 && y<=0) ➡모든 조건이 만족되는 경우에 참
!	논리부정(NOT)	(x =! y) ➡ 참은 거짓, 거짓은 참으로 연산

☞ 사용 예 설명

① a=(x>0 || y<=0) ➡ x가 0보다 크든지 y가 0보다 작거나 같으면 a에 논리적 참값인 1을 대입한다.

② a=(x>0 && y<=0) ➡ x가 0보다 크고 y가 0보다 작거나 같은 경우 a에 1이 대입되며 어느 한 조건이라도 만족되지 않으면 0이 a에 대입된다.

③ a=!(x<0) ➡ x가 0보다 작다면 괄호안의 조건이 만족되므로 참이 되어 ( )안의 내용은 1이 된다. ( )앞에 논리부정인 ! 연산자가 있으므로 a변수에는 0이 대입된다.

프로그램 5-4

```
/* 논리연산자의 사용예1 */
  #include<stdio.h>
  void main( )
    {
      int x, y ;
      printf("두 값을 입력하시오...");
      scanf("%d %d", &x, &y);
      if(x>3 && y<=15)                          /* ① */
        printf("입력된 값은 두 조건을 만족한다.\n");
      else
        printf("입력된 값은 조건을 만족하지 못한다.!\n");
    }
```

◆ 실행결과

```
두 값을 입력하시오... 4 4 ↵
입력된 값은 두 조건을 만족한다.
```

설명

입력된 값이 x는 4, y도 4이므로 x>3 조건과 y<=15 조건 모두가 만족된다. 따라서 실행문인 "입력된 값은 두 조건을 만족한다."라는 문장이 출력된다.

프로그램 5-5

```
/* 논리 연산자의 사용예 2 */
  #include <stdio.h>
  void main( )
    {
      int w,x,y;
      w=10;
      x=15;
      w=w<x || 3+2 !=5;          /* ① */
      x=!w                       /* ② */
      y=x&& 7>=5;                /* ③ */
      printf("w값=%d, x값=%d, y값=%d\n",w, x, y);
    }
```

◆ 실행결과

```
w값=1, x값=0, y값=0
```

설명

① 행 : w<x는 참(1), 3+2!=5 는 거짓(0)이므로 두 조건의 논리 합 연산이 w값에 대입되므로 1이 된다.

② 행 : x변수에 대입되는 값은 w의 부정이므로 0이 된다.

③ 행 : y값에 대입되는 값은 두 조건의 논리곱연산이므로 0값이 대입된다.(x값이 0이므로)

5.4 증감연산자(Increment and decrement operator)

C언어의 연산자중에서 다른 프로그래밍 언어에서 찾아 볼 수 없는 유용한 연산자로 증감연산자를 들 수 있다. 증감연산자는 변수값을 1씩 증가시키는 증가연산자로 '++'연산자와 변수값을 1씩 감소시키는 감소연산자인 '--'연산자가 존재한다.

◉ 증감연산자의 종류와 기능

증감연산자	기능	사 용 예
++	변수의 값을 1만큼 증가	a++; 또는 ++a; (후위형)(전위형)
--	변수의 값을 1만큼 감소	b--; 또는 --a; (후위형)(전위형)

◉ 전위형(Prefix)과 후위형(Postfix) 증감연산자

종류	형태	의미	사 용 예
전위형	'++', '--' 등의 증감 연산자가 변수 앞에 위치하는 경우	먼저 변수의 값을 1 증가한 후 다른 연산에 참여	++a --a
후위형	증감연산자가 변수 뒤에 위치하는 경우	변수의 값이 다른 연산에 참여한 후 1 증가	a++ a--

이러한 증감연산자를 사용함으로써 얻을 수 있는 장점은 다음과 같다.

- 프로그램이 간결해지고 프로그램에 대한 이해가 빨라진다.
- 증감연산자의 실행이 기계어 명령의 실행과 유사하므로 실행속도가 빠르다. 전위형과 후위형 증감연산자가 단독으로 사용될 때는 같은 의미이다.

프로그램 5-6

```
/* 증감연산자의 사용예1 */
  #include<stdio.h>
  void main( )
    {
      int a=10, b=9, c;
      a++;
      b++;
      printf("a=%d, b=%d\n", a,b);
      a--;
      b--;
      printf("a=%d, b=%d\n", a,b);
      ++a;                                /* ① */
      ++b;
      printf("a=%d, b=%d\n", a,b);
      c=a++;                              /* ② */
      ++b;
      printf("c=%d, b=%d\n", c,b);
    }
```

◆ 실행결과

```
a=11, b=10
a=10, b=9
a=11, b=10
c=11, b=11
```

설명

① 다른 연산자와 같이 증감연산자가 사용되지 않고 단독으로 사용될 경우는 ++a나 a++는 같은 의미로 기존의 a값을 1증가시키는 것을 나타낸다.

② 대입연산자와 같이 후위형연산자를 사용하면 먼저 c에 a값을 대입한 후에 a의 값을 1 증가시킨다. 따라서 c에는 증가되기 전의 a값인 11이 대입된다.

프로그램 5-7

```
/* 증감연산자의 사용예2 */
  #include <stdio.h>
  void main( )
    {
      int x, y, result1, result2;
      x=5;
      y=7;
      result1 = ++x - 1;                /* ① */
      result2 = x++ + --y;              /* ② */
      printf("result1 = %d\n", result1);
      printf("result2 = %d\n", result2);
    }
```

◆ 실행결과

```
result1=5
result2 =12
```

설명

① 전위형 연산자인 ++x가 사용되므로 먼저 x값을 1증가 시킨 값인 b에서 1을 뺀 값이 result1에 대입된다. 증감연산자와 산술연산자 등에서 연산의 우선순위는 증감연산자로서 먼저 계산한다.

② 후위형 증가연산자(x++)가 사용되므로 x변수 값인 6과 전위형 감소연산자(--y)에 의해 y값에서 1을 뺀 값인 6을 더하여 result2에 12가 대입된다.

5.5 조건연산자(Conditional operator)

C언어에서의 if ~ else문을 하나의 연산자로 표현한 것으로 조건식의 결과에 따라 서로 다른 수식을 처리하는 연산자를 조건연산자라고 한다. 이러한 조건연산자를 사용함으로써 프로그램이 한결 간결해지며 보다 효율적인 프로그램 구성을 할 수 있다.

◉ 조건연산자의 사용형식

조건식이 거짓일 때 처리하는 수식
⬆
조건식 ? 수식1 : 수식2 ;
⬇
조건식이 참일 때 처리하는 수식

☞ 사용 예

$x > 0 \ ? \ (x+y) \ : \ (x-4)$;

① 만약 $x > 0$이면 처리할 연산식 : $x+y$

② 만약 $x \le 0$이면 처리할 연산식 : $x-4$

◉ 조건연산자와 if 제어구조의 비교

$x = (y > 0 \ ? \ (y+7) \ : \ (y-3))$;	if($y > 0$) $x = y+7$ else $x = y-3$

➡ 의미상으로는 동일 ⬅

이러한 관계에서부터 조건연산자를 유효적절하게 이용하면 프로그램이 매우 간결해 질 수 있음을 알 수 있다.

프로그램 5-8

```
/ * 조건연산자의 사용예 */
 # include <stdio.h>
```

```
main ( )
  {
    int x, y, z1, z2 ;
    x=3 ;
    y=7 ;
    z1= x != y ? x-- : ++y +3 ;                     /* ① */
    printf ("z1의 값= %d\n", z1) ;
    z2= x>y ? ++x : --y+2;                          /* ② */
    printf ("z2의 값=%d\n", z2) ;
    printf ("결과=%d\n", x<y ? 15 : 10) ;           /* ③ */
  }
```

◆ 실행 결과

```
z1의 값= 3
z2의 값= 8
결과 = 15
```

설명

① x와 y에 대입된 값이 서로 다르므로 조건식이 만족된다. 따라서 x-- 연산이 실행되나, 후위 연산자이므로 z_1변수에는 3이 대입된다.

② x=2, y=7이므로 조건식 x>y는 만족되지 않는다. 따라서 --y+2; 연산이 실행되어 z_2 변수에는 8이 대입된다.

③ x=2 , y=6이므로 printf함수문 내의 조건식(x〈y)이 만족되어 15가 결과값이 된다.

5.6 비트연산자(Bit operator)

컴퓨터에서 모든 정보는 0 또는 1중의 하나인 2진수, 즉 비트(binary digit)단위로 표현된다. C언어에서는 데이터를 비트단위로 처리할 수 있는 비트연산자가 있는데 이러한 비트연산자는 논리연산과 이동연산(shift operation)이 존재하며 논리연산에는 논리합, 논리곱, 배타논리, 비트부정 등이 있으며 이동연산에는 비트 좌측이동과 비트 우측이동이 있다. 비트연산자의 종류와 기능 그리고 논리연산자의 진리표를 요약하면 아래와 같다.

◉ 비트연산자의 종류와 기능

비트연산자 종류		기능(비트단위)	사용 예(비트단위)
논리 연산	|	논리합	x | y ➡ x와 y의 논리합
	&	논리곱	x & y ➡ x와 y의 논리곱
	∧	배타논리	x ^ y ➡ x와 y의 배타논리
	~	논리부정	~y ➡ y의 논리부정
이동 연산	<<	비트 좌측 이동	x<<2 ➡ x의 각비트를 2비트만큼 좌측으로 이동
	>>	비트 우측 이동	x>>2 ➡ x의 각비트를 2비트만큼 우측으로 이동

◉ 비트단위 논리연산자의 진리표

a	b	논리합	논리곱	배타논리	논리부정	
		a | b	a & b	a ^ b	~a	~b
0	0	0	0	0	1	1
0	1	1	0	1	1	0
1	0	1	0	1	0	1
1	1	1	1	0	0	0

이러한 연산의 대상이 되는 피연산자의 자료형은 반드시 정수형이어야 한다. 비트연산자는 하드웨어제어와 밀접한 연관이 있는 연산자로서 C언어가 저급언어의 성격을 지닌 언어로서 비트단위의 연산이 가능하다.

☞ 사용 예 1

x= 218, y=84인 경우 x&y 및 x^y 연산

x	➡	1	1	0	1	1	0	1	0
y	➡	0	1	0	1	0	1	0	0
x&y	➡	0	1	0	1	0	0	0	0

• 연산결과 : 80(10진수)

x	➡	1	1	0	1	1	0	1	0
y	➡	0	1	0	1	0	1	0	0
x^y	➡	1	0	0	0	1	1	1	0

•연산결과 : 142(10진수)

☞ 사용 예 2

x=14인 경우 x<<2 연산

x=14	0	0	0	0	1	1	1	0

(좌측으로 2비트이동)⬅

⬇ (오른쪽은 0으로 채워짐)

x<<2	0	0	1	1	1	0	0	0

프로그램 5-9

```
/* 비트연산자(논리연산) 사용예 1 */
  #include <stdio.h>
  void main( )
    {
      int x, y, result1, result2;
      x=218;
      y=84;
      result1= x&y;
      result2= x∧y;
      printf ("x와 y의 비트논리곱의 결과=%d\n", result1);
      printf ("x와 y의 비트배타논리 결과=%d\n", result2);
      printf ("x의 비트부정 결과=%d\n",~(++x));
    }
```

◆ 실행결과

```
x와 y의 비트논리곱의 결과 = 80
x와 y의 비트배타논리 결과 = 142
x의 비트부정 결과 = -220
```

프로그램 5-10

```
/* 비트연산자(이동연산) 사용예 2 */
  #include <stdio.h>
  void main ( )
    {
      int x, y;
      x=14;
      y=249;
      printf ("x<<2 연산결과= %d\n", x<<2);
      printf ("y>>2 연산결과= %d\n", y>>2);
    }
```

◆ 실행결과

```
x<<2 연산결과=56
y>>2 연산결과=62
```

5.7 대입연산자(assignment operator)

대입연산자는 연산자 우측에서 연산한 결과를 연산자 좌측의 변수에 할당하는 연산자로 할당연산자 혹은 치환연산자라고 한다. 대입연산자의 종류와 기능은 다음 표와 같다.

◉ 대입연산자의 종류와 기능

대입연산자의 종류	사용 예	의미
=	x = y	x에 y값을 대입
+=	x += y	x = x+y
-=	x -= y	x = x-y
*=	x *= y	x = x*y
/=	x /= y	x = x/y
%=	x %= y	x = x%y
&=	x &= y	x = x&y
^=	x ^= y	x = x∧y
|=	x |= y	x = x|y
<<=	x <<= y	x = x<<y
>>=	x >>= y	x = x>>y

프로그램 5-11

```
/* 대입연산자의 사용예 1 */
  #include <stdio.h>
  void main( )
    {
      int x, y, z ;
      x=6; y=14; z=8; x +=2; y -=5; z *=7;
      printf ("x+2=%d\n", x);
      printf ("y-5=%d\n", y);
      printf ("z*7=%d\n", z);
```

```
    printf ("x/3=%d\n", x/=3);
    printf ("x %% 5 =%d\n", x%=5);
  }
```

◆ 실행결과

```
x+2=8
y-5=9
z*7=56
x/3=2
x%5=2
```

프로그램 5-12

```
/* 대입연산자 사용예 2 */
  #include <stdio.h>
  void main ( )
    {
      int x, y, z ;
      x=9;
      y=9;
      z=9;
      printf ("x&6=%d\n", x&=6);
      printf ("y|6=%d\n", y |=6);
      printf ("z∧6=%d\n", z∧=6);
    }
```

◆ 실행결과

```
x & 6 = 0
y | 6 =15
z ∧ 6 =15
```

설명 비트 논리곱(&), 비트 논리합(|), 비트 배타논리(∧) 연산에 의한 대입연산 수행

5.8 기타연산자

5.8.1 size of 연산자

sizeof 연산자는 변수, 수식, 상수 또는 자료형이 메모리에서 차지하는 메모리영역의 크기를 바이트단위로 구해주는 연산자로 이러한 연산자는 주로 기억장소 할당 루틴과 입출력 시스템간의 정보교환에 사용된다.

◉ size of 연산자의 사용형식

```
sizeof (변수);
sizeof (수식);
sizeof (상수);
sizeof (자료형);
```

프로그램 5-13

```
#include <stdio.h>
void main ( )
  {
    int a;
    printf ("char형 자료는 %d 바이트이다\n", sizeof (char));
    printf ("정수형 변수는 %d 바이트이다\n", sizeof (a));
    printf ("int 형 자료는 %d 바이트이다\n", sizeof (int));
    printf ("long형 자료는 %d 바이트이다\n", sizeof (long));
    printf ("상수의 크기는 %d 바이트이다\n", sizeof(27));
    printf ("실수의 float형은 %d 바이트이다\n", sizeof (float));
    printf ("실수의 double형은 %d 바이트이다\n", sizeof(double));
  }
```

◆ 실행결과

```
자료의 char형은 1 바이트이다
정수형 변수는 4바이트이다
자료의 int형은 4바이트이다
자료의 long형은 4바이트이다
상수의 크기는 4바이트이다
실수의 float형은 4바이트이다
실수의 double형은 8바이트이다
```

5.8.2 콤마연산자

콤마연산자는 성격이 유사한 것끼리 콤마(,)를 이용하여 하나의 문장으로 나열한다는 의미에서 나열연산자라고도 하며 또한 왼쪽에서 오른쪽으로 자료를 순차적으로 처리하여 전체의 연산결과 값이 맨 오른쪽 수식값이 되는 순차연산자라고도 한다. 이 연산자는 다른 어떤 연산자보다 우선 우선순위가 낮으며 for문이나 while문과 함께 사용되는 경우가 많다.

☞ 사용 예 1

나열연산자로서의 의미

```
int x=12;
int y=52;
int z=15;
```

➡

```
int x=12, y=52, z=15;
```

- 콤마연산자를 이용하여 한 문장으로 표현

☞ 사용 예 2

순차연산자의 의미

a=(b=2, b+5) ;

➡ 연산결과: b=2

a=7

1. 연산자의 종류와 기능을 간략하게 기술하고 사용 예를 2가지씩 열거하라.

2. 증감연산자는 전위형과 후위형이 있는데 차이점을 비교 설명하라.

3. 다음 프로그램에 대한 결과를 적어라.

```
#include <stdio.h>
void main ( )
  {
    int a;
    float x, y, z;
    a=1234;
    x=a+12;
    y=(float)(a+12);
    z=(float)a+12.0;
    printf("x=%d, y=%f, z=%f\n", (int)x, y, z);
  }
```

4. 논리연산자와 비트연산자를 비교 설명하고 각각의 연산자의 종류와 기능을 기술하라.

5. 정수 38을 우측으로 2비트 이동시키는 프로그램을 구성하라.

6. 다음 프로그램을 설명하고 결과를 기술하라.

```
#include <stdio.h>
void main( )
  {
    int x, y, z, w;
    x=7, y=4;
    z=(x>>2)==5 | x*2==14;
    w = z<<3;
    printf("z=%d, w=%d\n", z, w);
  }
```

7. x=87, y=56일 때 x & y, x ^ y, x | y의 연산결과를 예측하고 프로그램을 구성하라.

8. x=87, y=56일 때 x && y, x || y의 연산결과를 예측하고 프로그램을 구성하라.

9. 조건연산자를 이용하여 세개의 수를 입력받아 가장 큰 값을 max에 저장하는 프로그램을 구성하라.

6 제어구조

6.1 조건부 제어문

6.2 반복 제어문

6.3 기타 제어문

프로그램을 일반적으로 차례대로 한 문장씩 실행되는 것이 원칙인데 의도적으로 실행순서를 바꾸어야 할 경우가 있다. 이 장에서는 실행순서의 변경과 관련된 제어문인 조건문, 반복문 등의 종류와 사용 방법에 대해 알아보기로 한다.

6.1 조건부 제어문

조건부 제어문은 프로그램내용 등의 조건식의 결과가 참이냐 거짓이냐에 따라 프로그램의 실행순서가 결정되는 제어문으로 그 종류에는 if문, if-else문, switch문 등이 있다.

6.1.1 if문

if문의 사용형식은 다음과 같다.

◉ 단일 종속문장의 if 사용형식

```
if (조건식) 종속문장1 ;
다음문장
```

if문은 ( )내의 조건식이 참이면 문장1을 수행하고 그 조건이 거짓이면 문장1을 수행하지 않고 다음 문장을 수행한다. 조건식 바로 다음에는 세미콜론을 붙이지 않는다. 만약 if문의 종속문장이 여러 개인 경우는 종속문장들과 다음 문장을 구별하는 블록기호인 중괄호{ }를 반드시 사용하여야 한다.

◉ 복수 종속문장의 if문 사용형식

```
if (조건식) { 종속문장1;
              종속문장2;
                 ⋮
              종속문장n; }
다음문장;
```

이와 같은 복수 종속문장의 if문은 ( )내의 조건식이 참이면 종속문장 1~n까지 한 묶음으로 수행하고 조건식을 만족하지 않을 경우는 다음 문장을 수행한다.

◉ if문의 실행순서도

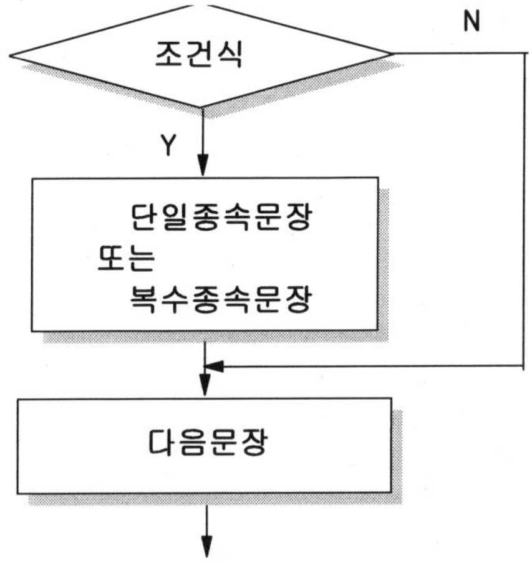

프로그램 6-1

```
/* 단일 종속문장의 if문 사용예 */
  #include <stdio.h>
  void main ( )
    {
      int x, y ;
      printf ("두 정수를 입력하시오: ");
      scanf_s("%d %d", &x, &y);
      if (x>y) printf("x값이 y값보다 큰 값이다! \n");
    }
```

◆ 실행결과

```
두 정수를 입력하시오: 12  9 ↵
x값이 y값보다 큰 값이다!
```

설명

x변수에 입력된 값 12, y변수 값은 9이므로 if문내의 조건식(x>y)을 만족한다. 따라서 종속문장인 printf ("x값이 y값보다 큰 값이다!₩n");가 수행된다.

프로그램 6-2

```
/* 복수 종속 문장의 if문 사용예 */
 #include <stdio.h>
 void main ( )
   {
     int a, b, c, sum ;
     a=5;
     b=3;
     c=7;
     if (a>b)
       {
         a=a+2;
         c=b+c;
         sum=a+c;
         printf("sum의 값은 %d이다\n",sum);
       }
     }
```

◆ 실행결과

```
sum의 값은 17이다
```

설명

조건식이 참이므로 { }내에 있는 복수개의 종속문장이 실행되어 sum변수에는 17이 대입되어 printf문이 실행된다.

6.1.2 if-else 문

아래 if-else문의 사용형식에서 if-else문은 if문과 마찬가지로 조건식이 참이면 조건식 바로 다음의 종속문장을 수행하고 조건식이 거짓이면 else다음의 종속문장을 수행한다. if문과 마찬가지로 종속문장이 1개일 경우는 중괄호를 생략할 수 있으나 여러 개의 종속문장일 경우에는 반드시 중괄호를 사용하여야 한다. if-else문의 사용형식은 다음과 같다.

◉ if-else문의 사용형식

if (조건식) 종속문장1; else 종속문장2;　　　⬅종속문장이 하나인 경우 　　다음문장;
if (조건식) {종속문장; 　　　　　　⋮　　⬅종속문장이 복수 개인 경우 　　　　종속문장;} else {종속문장; 　　　　⋮ 　　종속문장;} 　　다음문장;

이러한 if-else문의 실행순서도는 다음과 같다.

◉ if-else문의 실행순서도

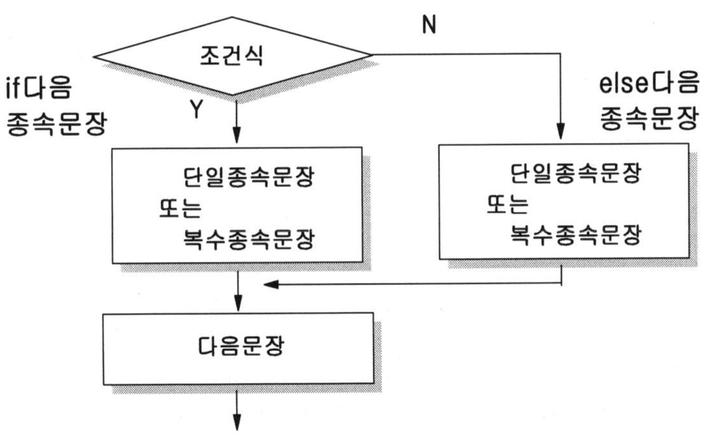

프로그램 6-3

```
/* if-else 문의 사용 예 1  */
  #include <stdio.h>
  void main( )
    {
      int  a;
```

```
    printf ("하나의 정수를 입력하시오 !:");
    scanf_s ("%d",&a);                         /* ① */
    if(a>0)                                    /* ②,③ */
      printf("입력된 정수는 양수이다\n");
    else
      printf(" 입력된 정수는 음수이다\n");
  }
```

◆ 실행결과

☞ 양의 정수 입력시

```
하나의 정수를 입력하시오 !:25 ↵
입력된 정수는 양수이다
```

☞ 음의 정수 입력시

```
하나의 정수를 입력하시오!:-25 ↵
입력된 정수는 음수이다
```

설명

① 표준입력함수인 scanf 함수로서 양의 정수 25를 입력하면 변수 a에 25가 기억된다.

② 양의 정수가 입력되면 조건식(a>0)이 만족되므로 if문 다음의 종속문장 printf("입력된 정수는 양수이다₩n")가 수행된다

③ 음의 정수가 입력되면 조건식이 만족되지 않으므로 else문 다음에 종속문장이 실행된다.

프로그램 6-4

```
/*  if -esle문의 사용예 2  */
/*    a>0  ➡ sum=sum+7수행
      a ≤0 ➡ sum=sum-7수행    */

  #include <stdio.h>
  void main ( )
    {
```

```
        int a, sum=25;
        printf ("하나의 정수를 입력하시오!:");
        scanf_s ("%d",&a);
        if (a>0)
          {
            sum=sum+7;
            printf ("sum값은 %d이다\n",sum);
          }
        else
          {
            sum=sum-7;
            printf("sum값은 %d이다 \n",sum);
          }
    }
```

◆ 실행 결과

```
하나의 정수를 입력하시오!: -7↵
sum값은 18이다
```

설명

입력된 정수 값이 -7이므로 조건식(a>0)이 만족되지 않는다. 따라서 else다음의 종속문장이 실행되는데 이와 같이 종속문장이 복수 개인 경우는 블록기호 { }를 반드시 사용해야 한다.

프로그램 6-5

```
/* 입력 값중에서 큰 값은 max, 작은 값은 min에 기억시켜 출력하는 예 */
  #include <stdio,h>
  void main( )
    {
      int x,y,  max, min;
      printf("두 수를 입력하시오  :");
      scanf_s("%d %d",&x,&y);
      if (x>y)
        {
```

```
            max=x;
            min=y;
        }
    else
        {
            max=y;
            min=x;
        }
    printf  ("max 값=%d, min값=%d\n", max, min);
}
```

◆ 실행결과

```
두 수를 입력하시오 !: 17   19↵
max값=19,   min값=17
```

설명

입력된 값이 x=17 y=19이므로 조건식 (x>y)이 만족되지 않는다. 따라서 else다음의 종속 문장들이 수행되며 max에는 y값인 19, min에는 x값인 17이 기억되어 출력된다.

6.1.3 다중 if 문

다중 if문은 if 문내에 또 다른 if문이 존재하는 제어구조인데 비교, 판단해야 하는 조건식이 여러 개인 경우에 사용된다. 다중 if문의 실행과정 순서도는 다음과 같다.

다중 if 문의 실행과정은 다음 순서도와 같이 조건식 1이 만족되면 종속문장이 수행되고 조건식 1이 만족되지 않으면 조건식 2를 평가하여 참인 경우 종속문장 2가 수행된다. 이와 같은 방법으로 조건식을 평가하여 종속문장을 실행하는데 만약 모든 조건식이 거짓인 경우는 종속문장 n+1이 수행된다.

◉ 다중 if문의 실행과정 순서도

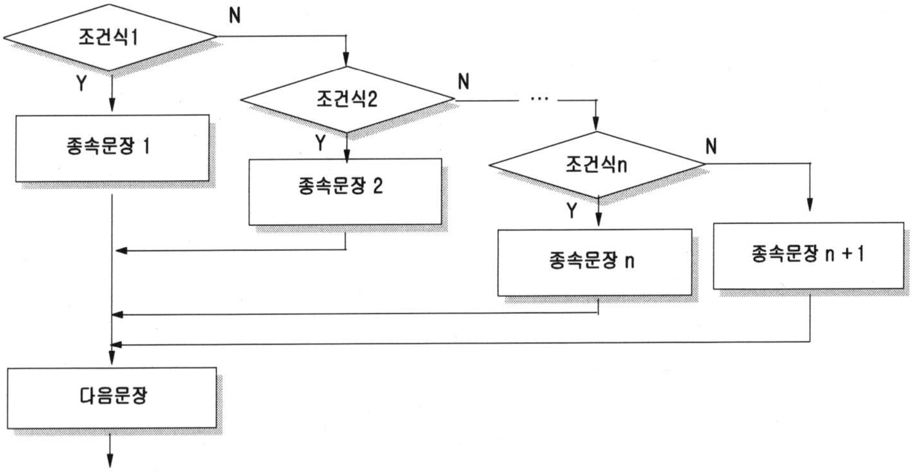

이와 같은 다중 if 문의 사용형식을 요약하면 아래와 같다

◉ 다중 if문의 사용형식

```
if (조건식1)  종속 문장1;
esle if (조건식2)  종속 문장2;
        ⋮
else if (조건식n)  종속문장 n;
else 종속문장  n+1;
```

종속 문장이 복수 개인 경우는 단순 if문에서와 같이 중괄호{ }를 사용하여 블록으로 수행할 종속문장들을 묶는다.

프로그램 6-6

```
/* 입력된 수의 양수, 음수, 영인지 판별 */
  #include  <stdio.h>
  void main( )
    {
      int  x;
      printf ("하나의 수를 입력하시오!  :");
      scanf_s ("%d",&x);
      if (x>0)
```

```
    printf(" 입력된 수는 양수이다\n");
  else if(x==0)
    printf ("입력된 수는 영이다 \n");
  else
    printf("입력된 수는 음수이다\n");
}
```

◆ 실행결과

```
하나의 수를 입력하시오!: -7↵
입력된 수는 음수이다
```

설명

x변수에 입력된 값이 -7이므로 조건식 1(x>0)과 조건식 2(x==0)가 모두 만족되지 않는다. 따라서 모든 조건이 만족되지 않을 경우에는 최종 else 다음의 종속문장인 printf("입력된 수는 음수이다₩n");가 수행된다.

프로그램 6-7

```
/* 성적 평가 프로그램 예 */
  #incldue <stdio.h>
  void main( )
  {
    int kor, mat, eng, sum;
    float avg;
    printf("세 과목의 성적을 입력하시오! :  ");
    scanf_f('%d %d %d", &kor, &mat, &eng);
    sum=kor+mat+eng;
    avg= sum/3.0;
    if(avg>90)
      printf ("성적 평가 결과 =우수 \n");
    else  if(avg>70)
      printf ("성적 평가 결과 =보통\n");
    else
      printf (" 성적 평가 결과 =미흡\n");
  }
```

◆ 실행결과

```
세 과목의 성적을 입력하시오! : 70 80 75 ↵
성적 평가 결과 = 보통
```

설명

입력된 세 과목의 성적이 각각 70, 80, 75이므로 이들의 평균값은 조건식 2에 해당하는 70<avg≤90를 만족한다. 따라서 else if 다음 종속 문장의 printf함수문이 실행된다.

6.1.4 switch-case문

switch-case문은 switch다음에 오는 조건식을 판단한 후, 그 결과를 case다음의 값과 비교하여 일치하는 case문의 종속문장을 수행하게 하는 제어구조문이다. 의미상으로는 다중 if문과 유사하지만 효율적인 프로그램 구성과 프로그래머의 프로그램에 대한 이해력 등의 측면에서는 다중 if문보다 훨씬 유용하게 이용될 수 있다.

◉ switch-case문의 사용형식

```
switch (수식)   {
     case 값1:
           종속문장1;
           break;
     case 값2:
           종속문장2;
           break;
             ⋮
     case 값n:
           종속문장n;
           break;
   default:
        종속문장 n+1;
                  }
```

case문 다음의 종속문장이 여러 개의 경우는 { }를 이용하여 하나로 묶을 수 있고 switch-case문에서 break문이 없는 경우에는 수식이 일치하는 case문의 종속문장이 실행되고 난 후 switch블록을 빠져 나오지 않고 그 다음의 case문내의 종속문장이 계속 수행되며 마지막 case혹은 default까지 수행한 후 switch블록을 빠져 나온다. 만약 case문내에 break문이 있는 경우는 switch다음의 수식이 case다음의 값과 일치되는 case문의 종속문장을 수행하면 곧바로 switch문을 빠져 나온다. 이와 같은 switch-case문의 실행과정은 순서도로 나타내면 다음과 같다.

◉ switch-case문의 실행과정 순서도

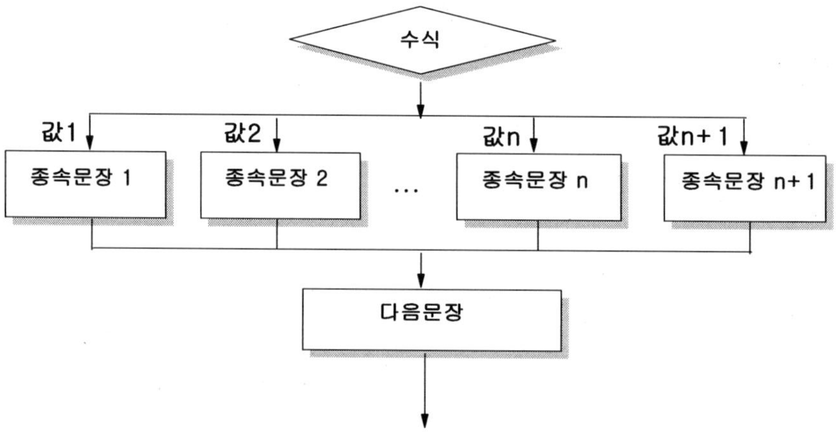

switch문에서의 수식과 case문의 값은 반드시 정수형 (char형 포함)이어야 하며 case문의 값은 변수가 포함되지 않는 상수 혹은 상수식이어야 한다. 단, 수식이 일치되는 값(값1~값n)이 없을 경우 default를 사용하며, 위 그림에서 값 n+1은 default에 해당된다.

프로그램 6-8

```
/* switch-case문의 사용 예 */
/* break문이 있는 경우 */
  #include <stdio.h>
  void main( )
    {
      int x;
      printf("하나의 양수를 입력하시오!: ");
      scanf_s("%d", &x);
      switch(x) {
      case 1 : printf("입력된 값은 1이다 \n");
```

```
                break;
    case 2 : printf("입력된 값은 2이다 \n");
                break;
    case 3 : printf("입력된 값은 3이다 \n");
                break;
    case 4 : printf("입력된 값은 4이다 \n");
                break;
    case 5 : printf("입력된 값은 5이다 \n");
                break;
    default : printf("case문과 관계없는 값이
                입력되었다! \n");
    }
}
```

◆ 실행결과 1

```
하나의 양수를 입력하시오! : 3 ↵
입력된 값은 3이다.
```

◆ 실행결과 2

```
하나의 양수를 입력하시오! : 7 ↵
case문과 관계없는 값이 입력되었다!
```

설명

① 변수 x에 입력된 값이 3이므로 case문에서 값이 3인 case3의 종속문장 printf("입력된 값은 3이다 ₩n");를 수행하고 switch문을 빠져 나온다.

② 실행결과 2에서는 변수 x에 7이 입력되므로 case문의 값과 일치하는 종속문장이 없다. 따라서 default문의 종속문장이 수행되고 switch문에서 빠져 나온다.

프로그램 6-9

```
/* switch-case문에서 break문이 없는 경우 */
  #include <stdio.h>
  void main( )
    {
      int x;
      printf(" 하나의 양수를 입력하시오! : ");
      scanf_s("%d", &x);
      switch(x) {
        case 1 : printf("입력된 값은 1이다 \n");
        case 2 : printf("입력된 값은 2이다 \n");
        case 3 : printf("입력된 값은 3이다 \n");
        case 4 : printf("입력된 값은 4이다 \n");
        case 5 : printf("입력된 값은 5이다 \n");
        default : printf("case문과 관계없는 값이 입력되었다! \n");
              }
    }
```

◆ 실행결과

```
하나의 양수를 입력하시오! : 3 ↵
입력된 값은 3이다.
입력된 값은 4이다.
입력된 값은 5이다.
case문과 관계없는 값이 입력되었다!
```

설명

case문 안에 break문이 없을 경우 변수 x에 3이 입력되면 정수 형상수 3과 일치하는 case 3의 종속문장을 수행하고 이후의 case문의 종속문장을 모두 수행한 다음 switch문을 빠져 나온다.

프로그램 6-10

```
/* 학점의 범위 산출 프로그램 예 */
/* switch-case문 이용 */
  #inclued <stdio.h>
  void main( )
    {
      char hak;
      printf("학점을 입력하시오! :\n")
      scanf_s("%c", &hak, 1);
      switch(hak) {
        case 'A' : printf("학점의 범위는 90-100점이다 \n");
                   break;
        case 'B' : printf("학점의 범위는 80-89점이다 \n");
                   break;
        case 'C' : printf("학점의 범위는 70-79점이다 \n");
          break;
        case 'D' : printf("학점의 범위는 60-69점이다 \n");
          break;
        case 'F' : printf("학점의 범위는 0-59점이다 \n");
          break;
        default : printf("입력된 학점 명칭의 오류!! \n");
                  }
    }
```

◆ 실행결과

```
학점을 입력하시오! : B
학점의 범위는 80-89점이다
```

설명

문자형 변수 hak에 입력된 문자는 B이므로 이 문자와 일치하는 case 'B'문의 종속적인 printf("학점의 범위는 80-89점이다 ₩n"); 문을 수행한 후 switch문을 빠져 나온다.

프로그램 6-11

```
/* 태어난 연도 입력으로 띠를 맞추는 프로그램 */
  #include <stdio.h>
  void main( )
    {
      int year;
      printf("당신이 태어난 연도를 입력하시오!...");
      scanf_s("%d",&year);

      switch(year%12)
        {
          case 0:
                  printf("당신의 띠는 원숭이 띠입니다.\n");
                  break;
          case 1:
                  printf("당신의 띠는 닭띠입니다.\n");
                  break;
          case 2:
                  printf("당신의 띠는 개띠입니다.\n");
                  break;
          case 3:
                  printf("당신의 띠는 돼지띠입니다.\n");
                  break;
          case 4:
                  printf("당신의 띠는 쥐띠입니다.\n");
                  break;
          case 5:
                  printf("당신의 띠는 소띠입니다.\n");
                  break;
          case 6:
                  printf("당신의 띠는 호랑이띠입니다.\n");
                  break;
          case 7:
                  printf("당신의 띠는 토끼띠입니다.\n");
                  break;
          case 8:
                  printf("당신의 띠는 용띠입니다.\n");
                  break;
```

```
            case 9:
                    printf("당신의 띠는 뱀띠입니다.\n");
                    break;
            case 10:
                    printf("당신의 띠는 말띠입니다.\n");
                    break;
            case 11:
                    printf("당신의 띠는 양띠입니다.\n");
                    break;
        }
    }
```

◆ 실행결과

```
당신이 태어난 연도를 입력하시오!... 1959[Enter↵]
당신의 띠는 돼지띠입니다.
```

설명

태어난 연도를 12로 나누어 남는 나머지가 띠와 관계한 수치가 되도록 switch-case문으로 프로그램을 구성할 수 있다.

6.2 반복 제어문

반복제어문은 일정한 조건이 만족될 때까지 반복 수행되는 제어구조로서 그 종류로는 for문, 다중 for문, while문, do-while문 등이 있다.

6.2.1 for문

for문은 조건식의 값을 평가하여 참이면 계속 반복 실행하고 조건식이 거짓이면 for문을 빠져 나오는 제어구조인데 for문의 사용형식은 아래와 같다.

◉ for문의 사용형식

```
for (초기식; 조건식; 증감식)
종속 문장;
```

for문의 시작은 우선 초기식이 수행되며 이 초기식으로 조건식을 평가하여 참으로 평가되면 for문의 종속문장을 실행한다. 종속문장을 실행한 후 증감식(제어변수를 증가하거나 감소하는 식)을 연산한 다음 다시 조건식을 평가하여 참이면 종속문장을 다시 실행한다. 이와 같은 실행은 조건식이 거짓으로 평가될 때까지 반복해서 수행된다. 이와 같은 for문의 실행과정 순서도를 나타내면 아래와 같다.

◉ for문의 실행과정 순서도

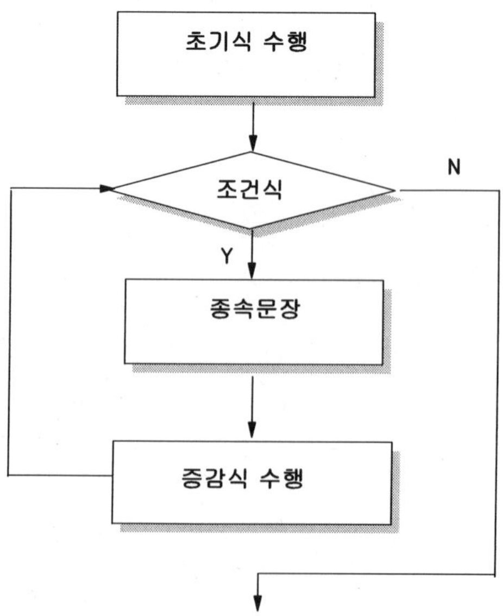

프로그램 6-12

```
/* for문을 이용한 숫자(1~20)의 합연산 */
  #include <stdio.h>
  void main( )
    {
      int i, sum;
      sum=0;
      for (i=1; i<=20; i++)                  /* ① */
      sum += i;                              /* ② */
      printf(" 1에서 20까지의 합은 %d이다 \n", sum);
    }
```

◆ 실행결과

```
1에서 20까지의 합은 210이다.
```

설명

① i=1로 초기치가 주어지므로 조건식(i<=20)을 만족한다. 따라서 종속문장 sum=sum+i;가 수행되고 난 후 증감식(i++)에 의해 i=2로 증가하게 된다. 이 때 i값도 조건식을 만족하게 되므로 다시 종속문장이 수행되어 합산된다. 이렇게 반복하여 i=21이 되면 조건식을 만족하지 않으므로 for문을 빠져나와 printf문장을 수행한다.

② 종속문장 sum+=i;의 의미는 sum=sum+i;와 같다.

프로그램 6-13

```
/* for문을 이용한 숫자의 뺄셈연산 */
/* 20-19-18- …… -1 의 연산 */
  #include <stdio.h>
  void main( )
    {
      int i, result; result=20;
      for (i=19; i>0 ; i--)
      result-=i;
      printf("20-19-18 …… -1=%d \n",result);
    }
```

◆ 실행결과

```
20-19-18-····-1=-170
```

설명

설명 초기치 i=19는 조건식(i>0)을 만족하므로 종속문장 result=result-i;가 수행되어 result에는 20-19가 연산된다. 감소식에 의해 i=18이 되어 조건식을 평가하여 다시 종속문장 수행, 이와 같이 반복해서 최종적으로 i=0이 되면 for문을 빠져나와 printf문이 실행된다.

프로그램 6-14

```
/* 숫자 1~5까지의 자연로그값 계산예 */
  #include <stdio.h>
  #include <math.h>
  void main( )
    {
      int su;
      double result;
      printf("su\t log(su)\n");                    /* ① */
      for(su=1; su<=5; su++)                       /* ② */
        {
          result=su;
          printf("%d\t %f\n", su, log(result));    /* ③ */
        }
    }
```

◆ 실행결과

su	log(su)
1	0.000000
2	0.693147
3	1.098612
4	1.386294
5	1.609438

설명

① 제목 출력문으로써 su다음에 지정한 탭만큼 띄운 다음 log(su)를 출력한다.

②,③ 초기치 su=1이므로 조건식을 만족하여 종속문장들이 수행되는데 printf문 내의 log(su)는 math.h의 헤더파일에 있는 라이브러리 함수이므로 전처리문에서 #include 〈math.h〉로 선언해야 한다. su=5까지 for 루프를 반복해서 실행하고 su=6에서 for문을 빠져나온다.

6.2.2 다중 for문

다중 for문은 for문내에 for문이 존재하는 제어 구조로서 사용형식은 다음과 같다.

◉ 다중 for문의 사용형식

```
for(초기식1; 조건식1; 증감식1)
  {
    for(초기식2; 조건식2; 증감식2)
      {
        종속문장 2;
           ...
      }
    종속문장 1;
  }
```

다중 for문의 실행은 먼저 첫 번째 for문의 초기식 1이 조건식 1을 만족하면 첫 번째 for문의 종속문장은 두 번째 for문과 종속문장 1이 되어 실행된다. 따라서 두 번째 for문의 초기식 2를 평가하여 참이면 종속문장 2가 수행되고, 증감식 2를 연산한 결과가 조건식 2를 만족하지 않을 때 까지 반복해서 종속문장 2를 수행하고 난 뒤 종속문장 1을 수행한다.

다음으로 첫 번째 for문의 증감식 1의 연산결과가 조건식 1을 만족하면 앞서 설명한 방법으로 계속해서 두 번째 for문을 실행하고 다시 종속문장 1 수행 후 증감식 1이 실행된다. 이렇게 하여 조건식 1이 만족되지 않을 때까지 반복해서 for문의 루프를 실행하게 된다.

이와 같은 다중 for문의 실행과정 순서도를 요약하면 다음과 같다.

◉ 다중 for문의 실행과정 순서도

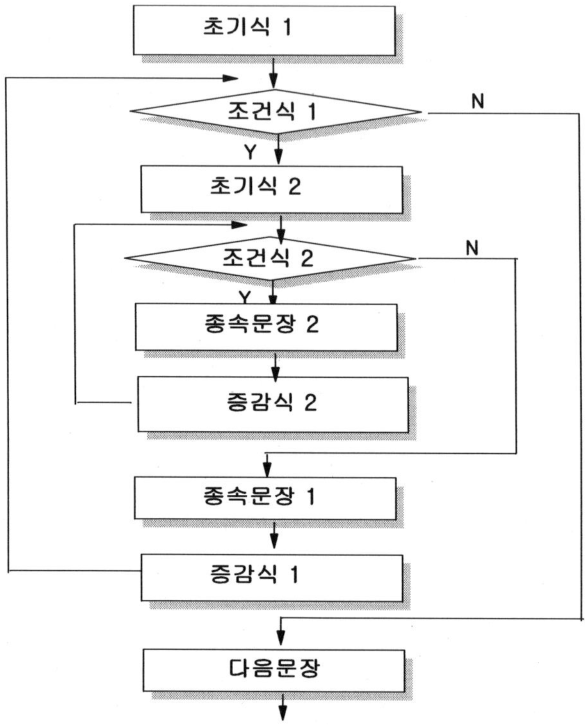

프로그램 6-15

```
/* 다중 for문을 이용한 구구단 프로그램 예 */
 #include<stdio.h>
 void main( )
   {
     int i, j;
     for(i=3; i<=9; i++)
       {
         printf("***%d단***\n",i);
         for(j=1; j<=9; j++)
         printf("%d*%d=%d\n",i,j,i*j);
         printf("\n");
       }
   }
```

◆ 실행결과

```
*** 3단 ***
3*1=3
3*2=6
⋮
3*9=27
*** 4단 ***
4*1=4
4*2=8
⋮
4*9=36
⋮
⋮
*** 9단 ***
9*1=9
9*2=18
⋮
9*9=81
```

설명

① 첫 번째 for문의 초기식 i=3에서 종속문장인 두 번째 for문과 printf문 실행

➡ j = 1, 2, 3, 4, 5, …, 9 수행

② i++연산결과 i=4에서 두 번째 for문과 printf문 실행

➡ j = 1, 2, 3, 4, 5, …, 9 수행

… … …

③ i=9에서 최종적인 종속문장인 두 번째 for문과 printf문 실행

➡ j = 1, 2, 3, 4, 5, …, 9 수행 후 다중 for문을 빠져 나온다.

프로그램 6-16

```
/* '*'로서 사각형 만드는 프로그램 예 */
  #include <stdio.h>
  void main( )
    {
```

```
    int a, b;
    for(a=1; a<=5; a++)
      {
        for(b=1; b<=5; b++)
          printf("*");
        printf("\n");
      }
}
```

◆ 실행결과

```
*****
*****
*****
*****
*****
```

프로그램 6-17

```
/* '*'로서 반삼각형 만드는 프로그램 예 */
  #include <stdio.h>
  void main( )
    {
      int i, j;
      for(i=1; i<=7; i++)
        {
          for(j=1; j<=i; j++)
            printf("*");
          printf("\n");
        }
      for(i=7; i>=1; i--)
        {
          for(j=1; j<i; j++)
            printf("*");
          printf("\n");
        }
    }
```

◆ 실행결과

```
*
**
***
****
*****
******
*******
******
*****
****
***
**
*
```

설명

① 첫째 for문에서 지정된 i값보다 j값이 적은 범위에서 *기호를 출력한다. (예를 들어 i 값이 3이면 j=1, 2, 3될 때까지 *를 출력하고 새로운 줄로 위치를 이동시킨다.)

② 셋째 for문에서는 첫 번째 for문과는 반대로 생각하면 쉽게 이해할 수 있다.

6.2.3 while 문

while문은 조건식을 평가하여 참인 경우 종속문장을 반복적으로 실행하는 제어구조인데 while문의 사용형식과 실행과정 순서도는 다음과 같다.

◉ while문의 사용형식

```
while(조건식)
    종속문장;
```

◉ while문의 실행과정 순서도

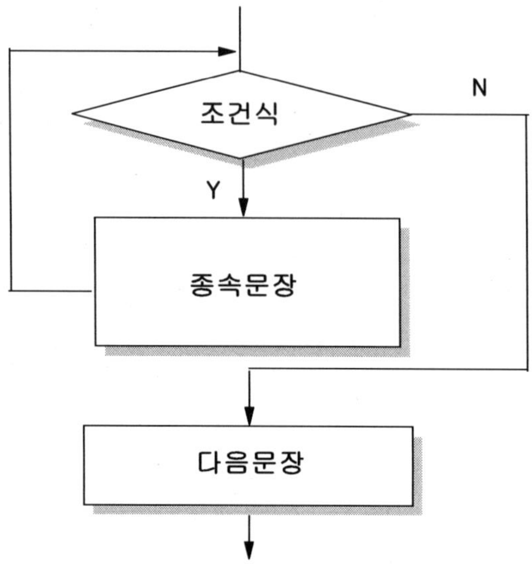

switch-case 문에서와 마찬가지로 while 문에서도 반복실행을 강제적으로 중단시키기 위해서는 break문을 사용한다. while 루프가 무한적으로 반복 실행되는 무한 반복 while 문의 사용형식은 다음과 같다.

◉ 무한반복 while 문

```
while(1)
  {
    종속문장;
  }
```

while문내의 조건식이 상수 1이므로 항상 참이다. 따라서 무한 while문이 된다.

프로그램 6-18

```
/* 1+2+…+10 연산 (while문 이용)프로그램 */
  #include <stdio.h>
  void main( )
    {
      int i, sum;
```

```
        sum=0;
        i=1;
        while (i<=10)
          {
            sum+=i;
            i++;
          }
        printf("1+2+…+10=%d\n",sum);
      }
```

◆ 실행결과

```
1+2+…+10=55
```

설명

초기치 i=1은 조건식(i<=10)을 만족하므로 종속문장인 sum+=i;와 i++;를 실행한다. 이때 i=2가 되어 다시 조건식을 평가하면 참이므로 다시 종속문장이 실행되는데 이와 같은 과정이 계속 반복되어 sum에는 1+2+…+10의 연산이 수행되고 i=11이 되면 조건식이 만족되지 않으므로 while문에서 빠져나온다.

프로그램 6-19

```
/* while문을 이용하여 문자출력 프로그램 예 */
  #include<stdio.h>
  void main( )
    {
      char ch='A';
      while(ch<'O')
        {
          printf("%c",ch);
          ch++;
        }
    }
```

◆ 실행결과

```
ABCDEFGHIJKLMN
```

설명

문자형 데이터가 연산식에서 이용되면 ASCII코드로 변환되어 사용된다. 문자형변수 ch의 초기값이 'A'이므로 조건식에서 'A'의 ASCII코드값이 '0'의 ASCII코드값보다 작으므로 조건식이 만족된다. 따라서 printf문이 수행되어 A문자가 출력되고 ch++ 연산이 수행되면 ch의 값은 'B'가 된다.

프로그램 6-20

```
/* break문을 이용하여 while문을 빠져 나오는 프로그램 예 */
  #include <stdio.h>
  void main( )
    {
      char ch='A';
      while (ch<'0')
        {
          printf("%c", ch);
          ch++;
          if(ch=='G')
          break;
        }
    }
```

◆ 실행결과

```
ABCDEF
```

설명

while문의 종속문장으로 if문이 존재하므로 문자형 변수 ch에 'G'문자가 대입되면 while 루프에서 강제적으로 빠져나온다. 따라서 A에서부터 F까지만 출력된다.

프로그램 6-21

```
/* 1*(1+2)*(2+3)*(3+4)*(4+5)의 연산 프로그램 예 */
  #include <stdio.h>
  void main( )
    {
      int x, y, gop;
      x=0; y=0; gop=1;
      while (x<=4)
        {
          y=x;
          x++;
          gop *= (y+x);
        }
      printf("1*(1+2)*(2+3)*(3+4)*(4+5)=%d \n",gop);
    }
```

◆ 실행결과

```
1*(1+2)*(2+3)*(3+4)*(4+5)=945
```

6.2.4 do-while문

do-while문은 while문과 비슷한 구조를 갖고 있으나 while문에서는 조건식을 먼저 평가하는데 비하여 do-while문은 do다음의 종속문장을 먼저 수행한 다음 조건식을 평가하는 것이 서로 다른 점이다. 따라서 do-while문은 조건식의 평가 결과에 상관없이 최소한 한 번은 종속문장이 실행된다고 볼 수 있다. do-while문의 사용형식과 실행과정 순서도를 나타내면 다음과 같다.

◉ do-while문의 사용형식

```
do
  {
          종속문장 1;
          종속문장 2;
             ...
  }
while(조건식);
```

◉ do-while문의 실행과정 순서도

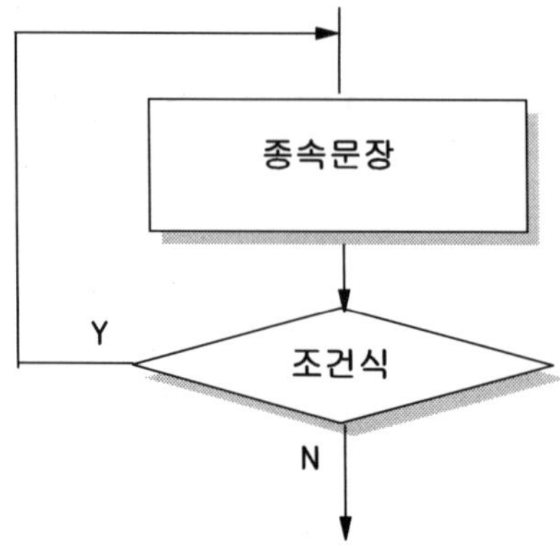

🍎 프로그램 6-22

```
/* 1*2* …… *5 연산 프로그램 */
/* do-while문 이용 */
  #include <stdio.h>
  void main( )
   {
     int i=0, gop=1;
     do
      {
        i++;
        gop*=i;
      }
     while(i<5);
     printf("1*2* …… *5=%d \n", gop);
   }
```

◆ 실행결과

```
1*2* …… *5=120
```

설명

do-while문에서는 do다음의 종속문장인 i++;와 gop*=i;가 먼저 실행한다. 앞에서의 증감식의 연산결과인 i=2로서 조건식을 평가하면 참이 되므로 다시 종속문장들이 수행된다. 이와 같은 과정을 반복해서 i=5가 되면 do-while문을 빠져 나와 gop 변수의 최종 연산결과가 printf문에 의해 출력된다.

6.3 기타 제어문

C언어에서는 기타 제어문으로써 break, continue, goto 등이 있다.

6.3.1 break문과 continue문

break문은 switch-case문이나 while문에서와 같이 루프내의 프로그램 실행흐름을 강제적으로 벗어나도록 하는 제어문이고 continue문은 실행순서를 무조건 제어루프의 증감식을 거쳐 조건식으로 이동시켜 다음 실행이 진행되는 제어문이다.

☞ 2+4+6+8+…+k의 합이 최초로 100이 넘는 k값 계산과 그때까지의 합을 계산하는 프로그램을 break문을 이용해 구성해보자.

● 프로그램 6-23

```
/* break문의 사용 예 */
  #include <stdio.h>
  void main( )
    {
      int k, sum=0;
      for(k=2; k<100; k+=2)
        {
          sum+=k;
          if (sum>100)
          break;
        }
      printf("k값=%d이고 이때 합=%d이다 \n", k, sum);
    }
```

◆ 실행결과

```
k값= 20이고 이때 합=110이다
```

설명

for문의 초기식이 k=2이므로 조건식을 만족한다. 따라서 종속문장 sum+=k;이 수행되고 if문을 이용하여 sum의 값이 100을 초과하면 빠져 나올 수 있도록 break문을 사용하였다. for문의 증감식은 짝수들을 표현하기 위해 k+=2로 한다.

☞ 다음은 3의 배수를 제외한 10까지의 양의 정수의 합을 구하는 프로그램을 continue문을 이용해 구성한 예이다.

프로그램 6-24

```
/* continue문의 사용 예 */
  #include <stdio.h>
  void main( )
    {
      int i, sum=0;
      for(i=1; i<=10; i++)
        {
          if( i %3==0 )
            {
              continue;                    /* ① */
              printf("i값은 3의 배수이다");
            }
        else
          sum+=i;
        }
      printf("1+2+4+5+7+8+10=%d \n", sum);
    }
```

◆ 실행결과

```
1+2+4+5+7+8+10=37
```

설명

① for루프내의 i값이 3, 6, 9 즉, 3의 배수가 되면 if문내의 조건식이 참이 되어 continue문을 만나게 된다. 따라서 이후의 문장은 수행되지 않으며 프로그램 실행 순서는 for루프의 조건식으로 이동하여 다음 반복실행이 진행된다.

6.3.2 goto문

goto문은 프로그램의 실행순서를 goto문 바로 다음에 나오는 레이블(label)이 있는 문장으로 무조건적으로 이동시킬 때 사용하는 제어문이다. 일반적으로 goto문은 루프가 여러 개 중첩되어 있는 경우, 한꺼번에 복수개의 루프를 벗어나고자 할 때 사용한다. goto문을 사용하게 되면 프로그램의 구조가 흐트러질 우려가 있기 때문에 가급적이면 사용하지 않는 것이 바람직하다. goto문의 사용형식은 다음과 같다.

◉ goto문의 사용형식

```
레이블 :
        ...
        goto 레이블;
        ...
```

연습문제

1. C언어의 제어구조에서 조건부 제어구조와 반복제어구조의 종류를 기술하고 각각 사용형식 및 실행순서 등을 설명하라.

2. while문과 do-while문을 비교 설명하라.

3. 키보드로부터 데이터를 입력받아 switch-case문을 이용하여 '+', '-', '*', '/' 문자에 따라 4칙 연산이 수행되는 프로그램을 구성하라.

4. do-while문을 이용하여 1에서 200까지의 홀수의 합을 구하는 프로그램을 작성하라.

5. 다음 프로그램의 실행결과를 기술하고 한 줄씩 그 의미를 설명하라.

```
#include <stdio.h>
void main( )
  {
    int i, sum=0;
    for(i=0; i<1999; i++)
      {
        sum += i;
        if(sum>100)
        break;
      }
    printf("실행결과=%d\n", sum);
  }
```

6. while문을 사용하여 1에서 100까지의 짝수 합을 구하는 프로그램을 구성하라.

7. 다음 프로그램의 실행결과를 기술하고 왜 실행결과가 그렇게 나오는지를 설명하라.

```
#include <stdio.h>
void main( )
  {
    int i, j;
    char k;
    for(i=1; i<=7; i++)
      {
        for(j=1; j<=i-1; j++)
        putchar(' ');
        for(j=1; j<=8-i; j++)
        putchar('*');
        putchar('/');
      }
  }
```

8. 다중 if 문과 switch-case문을 사용하여 학생들의 성적에 해당하는 학점을 출력하는 프로그램을 구성하라. (예 : 70점~79점 → C학점)

1) 다중 if문 이용

2) switch-case문 이용

7 함수

함수란 프로그램을 구성할 때 빈번하게 사용되는 특정한 명령들이나 수식들을 main( )문에 기술하지 않고 특정한 함수 이름으로 기억장소에 기억시킨 후 필요할 때마다 호출하여 사용하는 작업을 의미한다. 이 장에서는 함수의 개념, 함수의 선언 및 호출 방법 등에 대하여 설명한다.

C언어의 프로그램은 함수를 단위로 하여 구성된다. 모든 프로그램은 최소한 1개 이상의 함수로 구성되며 프로그램의 각 부분은 기능별로 분할된 여러 함수의 형태로 기술된다. C언어는 함수단위로 프로그램을 구성하기 때문에 논리적인 프로그램으로 구조화시킬 수 있다. 즉 크고 복잡한 내용을 프로그램으로 작성할 때 전체 내용을 기능별로 나누어 별도의 함수로 구성한 다음 여러 개의 함수를 하나로 통합시킨다. 따라서 전체 프로그램을 논리적으로 명쾌하게 작성할 수 있다. 이 때 기능별로 나누어진 작은 프로그램들을 부프로그램(sub program)이라고 하고 부프로그램들을 순서에 따라 호출하여 실행시키는 주된 프로그램을 주프로그램(main program)이라고 한다. C언어에서는 부프로그램의 구성을 위해 함수를 사용한다.

7.1 함수의 개념

함수에 대한 개념을 정확하게 이해하기 위해서 다음과 같은 예제를 통해 함수의 의미를 고찰해 보자. 이러한 예제는 기능별로 나눌 만큼 복잡한 프로그램은 아니지만 함수의 논리성과 구조성을 보다 쉽게 이해하기 위해서 몇 개의 함수로 나누어 표현해보기로 한다.

프로그램 7-1

```
/* 주함수(main( ))만으로 구성된 프로그램 */
  #include <stdio.h>
  void main( )
   {
     int a, b, hap, gop;
     a=5;  b=4;
     hap = a + b;                    /* ① */
     gop = a * b;                    /* ② */
     printf ("hap=%d,  gop=%d\n", hap, gop);
   }
```

설명

위의 프로그램은 주함수문 내에 덧셈연산기능(①)과 곱셈연산기능(②)을 포함하고 있다.

전체 프로그램을 덧셈연산의 함수와 곱셈연산의 함수로 분리하여 구성하면 다음과 같다.

프로그램 7-2

```
#include <stdio.h>
int ADD_func(int a1, int b1)      /* 덧셈연산 함수문 */
  {
    int hap1;
    hap1 = a1 + b1;
    return hap1;
  }
int MUL_func(int a2, int b2)      /* 곱셈연산 함수문 */
  {
    int  gop2;
    gop2 = a2 * b2;
    return(gop2);
  }
void main( )
  {
    int  a=5 , b=4, hap, gop;
    hap = ADD_func (a, b);        /* 덧셈연산 함수문 호출 */
    gop = MUL_func(a, b);         /* 곱셈연산 함수문 호출 */
    printf("hap = %d,  gop = %d \n" , hap, gop);
  }
```

◆ 실행결과

```
hap = 9, gop = 20
```

프로그램이 실행되면 프로그램을 구성하는 여러 함수 중에서 main( )함수가 가장 먼저 실행되고 main( )함수문내에 기능별로 분리된 여러 개의 함수문은 호출되는 순서대로 실행되어 main( )함수의 실행이 끝나면 전체 프로그램이 종료된다. 위의 프로그램 예제에서도 main( )함수문이 실행되면 먼저 덧셈연산 기능을 가진 ADD_func( )함수문을 호출하여 변수 a와 b의 덧셈연산을 수행하고 다음으로 곱셈연산 기능의 MUL_func( )함수문을 호출하여 곱셈연산을 수행한다. 최종적으로 연산결과에 대한 출력문(printf)으로 전체 프로그램이 종료된다. 이와 같이 함수를 사용하기 때문에 얻을 수 있는 장점을 요약하면 다음과 같다.

① 큰 프로그램을 작은 부분으로 나누어 작성할 수 있어 프로그램에 대한 이해와 수정이 용이하다.

② 체계적이고 간결한 프로그램 구성이 가능하다.

③ 하향식(top down)의 모듈화된 프로그램 구성이 가능하다.

7.2 함수의 구조 및 선언

7.2.1 함수의 구조

함수의 기본구조는 머리 부분과 본체부분으로 구성되며 함수정의의 일반적인 구조는 아래와 같다

◉ 함수 정의의 일반적인 구조

"함수의 반환형" "함수명" (가인수 리스트)	← 머리부분
{ 함수내용 }	← 본체부분

(1) 함수의 머리부분(header)

① 함수의 반환형(return type)

함수의 반환값에 대한 자료형으로 int, float, double 등의 자료형으로 나타낼 수 있다. 되돌려주는 반환값이 없을 경우에 함수반환형은 void로 한다.

② 함수명

연산기능을 잘 나타내주는 함수의 이름을 부여하는 부분으로 주 함수문(main( ))에서 호출하고자 할 경우에는 함수명을 기술해 주어야 한다.

③ 가인수 리스트

주 함수문에서 호출할 때 실제 전달하는 자료를 실인수라 하고 프로그래머가 필요에 의해서 정의한 사용자 정의함수에서 데이터 처리를 위해 전달받는 자료의 나열을 가인수 리스트라고 한다. 이 때 실인수와 가인수는 순서, 개수, 자료형이 같아야 하며 실인수와 가인수간의 인수명은 서로 독립된 함수들의 인수이므로 다를 수 있다. 또한 변수가 main( )함수문 위쪽에 선언되어 모든 함수문들에 이용되는 전역변수(global variable)인 경우는 가인수리스트가 생략된다.

(2) 함수의 본체부분

함수의 본체부분에서 처리한 내용을 담고 있는 부분이다. 호출되는 함수는 연산 결과값을 호출한 함수쪽으로 되돌려 줄 수 있는데 이때는 본체부분에 return문장을 사용해야 한다.

프로그램 7-3

```
#include <stdio.h>
float ret_func( )
  {
    float  su;
    su=123.45;
    return(su);              /* ① */
  }
void main( )
  {
    float    k1;
    k1 = ret_func(   );
    printf ("%f", k1);
  }
```

설명

① 변수 su 대입된 값을 호출한 main( )문으로 값을 되돌려 주기 위해서는 ret_func( )함수문에서 return문장이 필요하며 main( )문에서의 k1변수에는 호출되는 함수인 123.45가 대입된다. 한편, 호출한 함수로 되돌려 주는 반환값이 없는 경우는 함수명 앞에 void를 붙이며 함수문내에서도 return문을 사용할 필요가 없다.

프로그램 7-4

```
#include   <stdio.h>
void noret_func(   )
  {
    float su=123.45;
    printf("%f",su);
  }
```

```
void main( )
  {
    noret_func( );
  }
```

7.2.2 함수의 프로토타입 선언

프로그램내에 변수를 사용하기 위해서 변수의 자료형을 선언해 주는 것과 마찬가지로 기능별로 분리된 사용자 정의함수가 main( )문 뒤에 위치할 경우 이 함수를 사용하기 위해서는 미리 함수 프로토타입(prototype)을 선언해 주어야 한다. 함수 선언에는 함수의 반환형, 함수명, 가인수를 순서대로 지정하고, 변수 자료형의 선언에서와 같이, 세미콜론(;)을 붙여 주면 된다.

☞ 사용 예

```
float MUL_func(float a, float b);
int   ADD_func (int, int);
void func(void);
void main( );
```

함수명 앞의 void는 호출한 함수쪽으로 되돌려 주는 값이 없는 경우에 사용된다. 가인수가 없는 경우는 가인수 위치에 void로 지정하거나 공란으로 비워두면 된다. 가인수가 있는 경우는 위의 예에서처럼 가인수 앞에 가인수의 자료형을 기술하여야 한다. 그러나 가인수는 함수 선언에서 실질적으로 필요하지 않으므로 생략하여도 무방하다.

프로그램 7-5

```
/* 사용자 정의 함수가 main ( )문 아래쪽에 위치  */
  #include <stdio.h>
  int add_func(int, int);                    /*  함수 선언 */
  void main( )
    {
      int i, j, hap;
      printf(" 두 수를 입력하시오!=  ");
      scanf_s("%d %d", &i, &j);
```

```
      hap = add_func(i ,j);                  /* 함수의 호출  */
      printf( " 두 수의 합은 %d이다. \n ", hap);
   }
 int add_func(int a, int b)                  /* 함수 정의  */
   {
      int z;
      z = a+b;
      return(z);
   }
```

◆ 실행결과

```
두 수를 입력하시오! = 7  9↵
두 수의 합은 16이다.
```

설명

두 수를 합하는 add_func( ) 함수문이 main( )문 아래에 위치하는 경우이므로 main( ) 위쪽에 add_func( )의 함수선언을 해 주어야 한다. add_func( )에서 z값을 main( )문으로 return한다.

프로그램 7-6

```
/* 사용자 정의 함수가 main( )문 위쪽에 위치 */
  # include <stdio.h>
  int sub_func(int x, int y)                 /* 함수 정의 */
    {
      int z;
      z = x - y;
      return(z);
    }
  void main( )
    {
      int a=12, b=5, result;
      result = sub_func (a, b);              /* 함수 호출 */
      printf("두 수의 뺄셈결과=%d\n", result);
    }
```

◆ 실행결과

```
두 수의 뺄셈결과=7
```

설명

위 프로그램은 sub_func( ) 함수문이 main( )문 위쪽에 위치하므로 별도로 함수 선언을 할 필요가 없으며 sub_func( )에서 연산한 결과인 z를 return하는 프로그램이다.

프로그램 7-7

```
/* 인수들이 전역변수로 선언될 경우 */
  #include  <stdio.h>
  int  a=5, b=4;                    /* 전역변수에 초기치 부여 */
  int  add_f( )                     /* 덧셈 함수문 정의 */
    {
      int hap1;
      hap1 = a+b;
      return(hap1);
    }
  int mul_f( )                      /* 곱셈 함수문 정의 */
    {
      int GOP1;
      GOP1 = a*b;
      return(GOP1);
    }
  void main( )
    {
      int result1, result2;
      result1 = add_f( );           /* 함수문 호출 */
      result2 = mul_f( );           /* 함수문 호출 */
      printf("덧셈결과=%d, 곱셈결과=%d\n", result1, result2);
    }
```

◆ 실행결과

```
덧셈결과=9, 곱셈결과=20
```

설명

위 프로그램에서와 같이 변수 a, b가 전역변수로 선언되면 독립적인 기능을 갖춘 모든 함수에서 유효하다. 따라서 별도로 가인수를 정할 필요도 없으며, 함수문내에 별도의 변수에 대한 선언도 요구되지 않는다.

프로그램 7-8

```
/* 함수의 인수가 있고 호출함수( main( ) )쪽으로 반환값이 없는 경우   */
  # include <stdio.h>
  void area_func(int a, int b)              /* 함수정의 */
    {
      int result;
      result = a*b;
      printf("사각형의 면적=%d\n", result);
    }
  void main( )
    {
      int garo=7, sero=8;
      area_func(garo, sero);                /* 함수 호출 */
      printf( "The end\n");
    }
```

◆ 실행결과

```
사각형의 면적=56
The end
```

설명

area_func( ) 함수문은 호출함수 쪽으로 반환되는 값이 없으므로 함수명 앞에 void를 사용하였다.

프로그램 7-9

```
/* 두 수중 큰 값 출력 */
  #include <stdio.h>
  int max_func(int, int);
  void main( )
    {
      int a, b, c;
      printf("두 수를 입력하시오!= ");
      scanf_s("%d %d", &a, &b);
      c = max_func(a, b);
      printf("입력된 값중에서 큰 값은 %d이다\n", c);
    }
  int max_func(int x, int y)
    {
      return( (x<y) ? y : x);
    }
```

◆ 실행결과

```
두 수를 입력하시오!=27  35↵
입력된 값 중에서 큰 값은 35이다.
```

설명

max_func함수는 가인수도 있고 반환되는 값도 있다. 또한 return문에는 조건연산식 ((x<y) ? y : x););)이 올 수 있다.

프로그램 7-10

```
/* 세 수를 입력받아 최소값을 구하는 프로그램 예 */
  int Min_func(int x, int y, int z)
    {
      int min;
      min=(x<y)? x:y;
      min=(min<z)? min:z;
```

```
        return(min);
    }
  #include <stdio.h>
  void main( )
    {
        int a, b, c;
        printf("자료를 입력하시오!...");
        scanf("%d %d %d", &a, &b, &c);
        printf("최소값은 %d이다.\n", Min_func(a, b, c));
    }
```

◆ 실행결과

```
자료를 입력하시오!... 52 34 17[Enter↵]
최소값은 17이다.
```

설명

조건 연산자를 사용하여 두수를 비교해서 적은 값을 min에 대입하고서 다시 한 번 조건 연산자를 이용하여 min과 z값을 비교하여 적은 값을 최종적으로 min변수에 대입하여 주 함수문으로 반환하는 프로그램이다.

7.3 함수의 호출

복잡한 프로그램을 기능별로 나누어 구성한 부프로그램의 함수문들을 실행시키기 위해서는 해당 부프로그램으로 실행 제어를 넘겨야 하는데 이와 같은 일련의 과정을 함수의 호출이라 한다. 함수를 호출하여 실행시키고자 할 때는 호출하는 함수문에서 다음과 같은 형식을 맞추어야 한다.

◉ 형식

```
함수명 (실인수1, 실인수2, ……) ;
```

이와 같이 하면 해당함수가 호출되어 실행된다. 함수명 뒤의 실인수는 실제 호출되는 해당함수로 넘기는 자료를 나타내며 해당함수의 정의부에 있는 가인수에 순서대로 인도된다.

프로그램 7-11

```
#include <stdio.h>
int Gop(int , int );
void main( )
  {
    int a=5, b=6;
    printf ("결과=%d\n", Gop(a,  b) );            /* 함수 호출 */
  }                          ↓  ↓               /* 실인수 a, b */
/* 함수 */        int Gop(int x, int y)         /* 가인수 x, y */
                    {
                      return(x*y);
                    }
```

◉ 실행결과

```
결과=30
```

C언어에서 함수호출은 호출하는 함수의 실인수와 호출당하는 함수의 가인수가 변수이면 이들은 서로 다른 기억공간에 저장되므로 같은 변수명의 인수를 사용한다고 하더라도 연산 후의 값은 서로 다를 수 있다.

프로그램 7-12

```
#include <stdio.h>
void op_func( int, int);
void main( )
  {
    int x, y;
    x=32, y=45;
    printf("호출하기 전의 x, y값 : x=%d, y=%d\n", x, y);
    op_func(x, y);                                  /* ① */
    printf("호출한 후의 x, y값 : x=%d, y=%d\n", x, y);
  }
void op_func(int x, int y)
  {
```

```
        x = x+5;
        y = y-5;
        printf("호출함수내의 연산결과 : x=%d, y=%d\n", x, y);
    }
```

◆ 실행결과

```
호출하기 전의 x, y 값 : x=32, y=45
호출함수내의 연산결과 : x=37, y=40
호출한 후의 x, y값 : x=32, y=45
```

설명

호출함수의 실인수 x, y와 호출당하는 함수의 가인수 x, y는 서로 동일한 이름이다. 그러나 기억공간이 서로 다르고 op_func( )함수가 연산한 값을 main문으로 되돌려 주지 않는 형태의 void형 함수문이므로 main문에서 op_func( )함수를 호출하기 이전이나 호출 후의 x, y값은 변하지 않는다.

7.4 표준함수(Standard function)

표준함수는 컴파일러에서 자체적으로 정의되어 있는 함수를 말하며, 표준함수에 대해서는 함수정의 및 함수선언이 생략된다. 표준함수에 관한 정보는 확장자가 "h"인 헤더파일에 저장되어 있다. 따라서 표준함수를 이용하려면 include문을 사용하여 해당 헤더파일을 프로그램 속에 포함시키는 과정이 필요하다.

```
#include <헤더파일명>
```

7.4.1 수학 함수

프로토타입이 헤더파일 math.h에 정의되어 있는 각종 내장함수들인데 이 함수들은 수학적인 연산을 수행한다. 이와 같은 함수를 요약하면 다음과 같다.

종류	함수표기	결과형	의 미
삼각함수	sin(x);	double	x의 sin값을 계산
	cos(x);	double	x의 cos값을 계산
	tan(x);	double	x의 tan값을 계산
	asin(x);	double	x의 arc sin값을 계산
	acos(x);	double	x의 arc cos값을 계산
	atan(x);	double	x의 arc tan값을 계산
산술연산	exp(x);	double	x의 지수승을 계산
	log(x);	double	x의 자연로그값을 계산
	log10(x);	double	x의 상용로그값을 계산
	sqrt(x);	double	x의 제곱근을 계산
	abs(x);	int	정수 x의 절대값을 계산
	fabs(x);	double	실수 x의 절대값을 계산
	pow(x,y);	double	x의 y제곱을 계산
	fmod(x,y);	double	실수 x/y의 나머지
기 타	ceil(x);	double	실수 x값보다 작지 않은 최소정수값(소수이하반올림)
	modf(x,&y)	double	정수부와 소수부를 분리

프로그램 7-13

```
/*삼각함수의 실행 예*/
  #include <stdio.h>
  #include <math.h>                          /* ① */
  void main( )
    {
      double pai=3.141592654;
      float angle;
      double a, b, c, d;
      printf("각도를 입력하시오!: ");
      scanf("%f", &angle);
      a=angle*(pai/180.0);                  /* ② */
      b=sin(a);                             /* ③ */
      c=cos(a);                             /* ④ */
      d=tan(a);                             /* ⑤ */
      printf("sin값=%4.2lf\n", b);
```

```
    printf("cos값=%4.2lf\n", c);
    printf("tan값= %4.2lf\n", d);
  }
```

◆ 실행결과

```
각도를 입력하시오!: 30↵
sin값=0.50
cos값=0.87
tan값=0.58
```

설명

① 내장함수인 sin, cos, tan함수를 포함하고 있는 헤더파일 math.h를 반드시 포함시켜야 한다.

② 각도는 반드시 라디안(각도*3.14/180.0)으로 표현해야만 정확한 연산이 된다.

③, ④, ⑤ 내장함수들을 호출한다.

프로그램 7-14

```
/*산술연산의 실행예*/
  #include <stdio.h>
  #include <math.h>
  void main( )
  {
    double a=3.0, b=25.0, result1, result2;
    double x=3.0, y=3.0, result3;
    result1=log(b);
    result2=sqrt(a);
    result3=pow(x, y);
    printf("pow(x,y)=%if\n",result3);
    printf("log(b)=%5.2lf\n",result1);
    printf("sqrt(a)=%5.2lf\n",result2);
    printf("b/a의 나머지=%5.2lf\n",fmod(b,a));
  }
```

◆ 실행결과

```
pow(x,y)=27
log(b)=3.22
sgrt(a)=1.73
b/a의 나머지=1.00
```

프로그램 7-15

```
#include <stdio.h>
#include <math.h>
void main( )
  {
    int k;
    float x, z;
    double y;
    printf("실수 하나를 입력하시오! :  ");
    scanf("%f", &x);
    k=(int)floor(x);
    z=modf(x, &y);
    printf("floor(x) 실행결과=%d\n",k);
    printf("x의 정수부분=%f\n",y);
    printf("x의 소수부분=%f\n",z);
  }
```

◆ 실행결과

```
실수 하나를 입력하시오 ! :  8.57935↵
floor(x)의 실행결과=8
x의 정수부분=8.000000
x의 소수부분=0.579350
```

7.4.2 문자열 처리함수

수치데이터를 문자열 데이터로, 아니면 문자열 데이터를 수치데이터로 변환하기 위한 문자열 처리함수는 string.h에 정의되어 있으므로 이러한 문자함수를 사용하기 위해서는 반드시 소스파일(source file)에 include문을 이용하여 string.h파일을 포함시켜야 한다.

◉ 문자열 처리함수

함수종류		함수표기	결과형	의 미
문자열함수	atoi	atoi(s)	int	문자열 s를 정수로 표현
	atof	atof(s)	double	문자열 s를 실수(double)형으로 변환
	atol	atol(s)	long	문자열 s를 배정도(long)형으로 변환
	strcat	strcat(s1,s2)	char	문자열 s2를 s1에 연결
	strcmp	strcmp(s1,s2)	int	s1과s2를 비교 (s1>s2 → 1) s1=s2 → 0 s1<s2 →-1)

함수종류		함수표기	결과형	의 미
문자열함수	strchr	strchr(s,c)	char	문자열 s에서 문자 c의 위치를 구함.
	strlen	strlen(s)	char	문자열의 길이를 구함
	strcpy	strcpy(s1,s2)	char	문자열 s2를 s1에 복사
	strrev	strrev(s)	char	문자열을 역으로 변환
	strset	strset(s,c)	char	문자열 s를 c로 지정한 문자로 변환
	strupr	strupr(s)	char	문자열 s의 소문자를 대문자로 변환
	strlwr	strlwr(s)	char	문자열 s의 대문자를 소문자로 변환
	tolower	tolower(c)	char	단일문자 c를 소문자로 변환
	toupper	toupper(c)	char	단일문자 c를 대문자로 변환
문자검사함수	isdigit	isdigit(c)		문자 c가 0~9사이 숫자이면 참
	islower	islower(c)		문자 c가 소문자이면 참
	isupper	isupper(c)		문자 c가 대문자이면 참
	isspace	isspace(c)		문자 c가 공백이면 참
	isxdigit	isxdigit(c)		숫자 c가 16진 문자이면 참

프로그램 7-16

```
/*  문자열 처리함수 실행 예   */
  #include <stdio.h>
  #include <ctype.h>                    /*  ①  */
  void main( )
    {
      int k;
      while((k=getchar( ))!=EOF)         /*  ②  */
      putchar(tolower(k));
    }
```

◆ 실행결과

```
WELCOME TC↵
welcome tc
```

설명

① 문자열처리 함수를 정의하는 헤더파일 string.h를 소스파일에 포함시켜야 한다.

② 문자를 읽어 들여 변수 k에 대입하는데 이 값이 파일의 끝임을 알리는 문자(EOF↵ enter키 누름)가 아니면 while루프를 계속 반복해서 실행한다. 여기서 EOF는 Ctrl+Z 키다.

③ 입력된 대문자를 소문자로 변환하는 tolower함수를 실행하여 모니터에 한자씩 출력(putchar함수)한다.

1. main( )함수문에서 x=9, y=12의 초기값을 부여한 후 함수들을 호출하여 x+y, x-y, x*y, x/y 를 수행하는 프로그램을 구성하라.
   1) 부함수에서 return문을 사용하는 경우

   2) 부함수에서 return문을 사용하지 않는 경우

2. 3개의 정수를 입력받아 함수를 호출하여 조건연산자를 사용하여 가장 큰 값을 구하는 프로그램을 구성하라.

3. 밑변 a=15, 높이 h=10인 삼각형의 면적을 구하는 프로그램을 부함수문을 이용하여 구성하라.

4. 다음 함수문에서 오류(error)가 발생하는 부분을 지적하고 수정하라.
   1) 부함수문 1

```
int hap_func(int a, int b)
  {
    int hap;
    hap=a+b;
    return(hap);
  }
```

   2) 부함수문 2

```
float sub1(int x, int y)
  {
    float z;
    z=x*y;
    return(z);
  }
```

5. 다음 프로그램의 실행결과를 기술하고 실행문장들을 한 줄씩 그 의미를 설명하라.

```
#include <stdio.h>
int abs_func(int x)
  {
    int y;
    y=((x>=0) ? x : -x);
    return(y);
  }

void main( )
  {
    int a;
    while(1)
      {
        printf("데이터 입력 =  ");
        if(scanf_s("%d", &a) == EOF)
        break;
        printf("실행결과 = %d\n", abs_func(a));
      }
  }
```

6. 표준함수를 이용하여 x=27, y=98, z=352의 제곱근을 구하여 출력하는 프로그램을 구성하라.

8 배열과 포인터

C 언어에서는 같은 유형의 대량의 데이터에 대하여 배열을 이용하여 처리하면 매우 편리하다. 또한, 자료가 기억되어 있는 기억장치의 주소를 가리키는 지시자인 포인터는 배열보다 더욱 효율적으로 데이터의 처리를 할 수 있게 해 준다. 이 장에서는 배열의 선언과 이용방법에 대하여 알아보고, 포인터의 개념과 사용법, 배열과의 차이점 등에 대하여 설명한다.

8.1 배열(array)

8.1.1 배열의 선언 방법

배열(array)은 동일 유형의 데이터를 연속적으로 저장할 수 있는 기억장소의 집합을 말한다. 또한, 그 속에 포함되는 각각의 기억장소를 요소(element)라고 한다. 배열을 선언하기 위해서는 데이터형과 배열명을 열거하고 필요한 요소 수를 [ ]속에 지정하면 된다. 1차원 배열의 선언방법은 다음과 같다.

◉ 형식

```
데이터형   배열명[요소수];  ← 1차원 배열
```

정수형 데이터로 배열명은 a로 하고 배열의 크기는 10개 확보하는 예는 다음과 같다.

```
int   a[10];
```

배열명의 요소는 번호가 부여되고 그 배열명의 어떠한 요소를 지정하고자할 때는 다음과 같이 형식을 쓴다.

◉ 형식

```
배열명[요소 번호]
```

기억 장소의 확보는 데이터형 선언으로 행하고, a[9]라고 선언하면 a[0]에서 a[8]번까지 9개의 a영역이 만들어진다. 배열도 데이터를 기억하는 기억 장소이므로 보통 변수의 경우와 마찬가지로 메모리 공간과 데이터형을 가지고 있다. 초기값이 있는 경우는 요소수를 생략하면 컴파일러가 자동으로 배열명에 대입한 데이터 수를 계산하여 요소수를 정한다.

5개의 요소를 갖는 정수형 1차원 배열의 경우는 int a[5];로 선언한다. 이 경우는 다음과 같이 요소 번호는 0부터 4번까지 a[0], a[1], a[2], a[3], a[4]가 만들어진다.

a[0]	a[1]	a[2]	a[3]	a[4]

2차원 배열의 선언방법은 각각 다음과 같다.

◉ 형식

데이터형 배열명[행의 수][열의 수] ; ← 2차원 배열

3행 4열의 정수형 2차원 배열은 12개의 요소를 갖는다. 2차원 배열의 모양은 다음 표와 같이 생각할 수 있다.

aa[3][4]

[열] / [행]	[0]	[1]	[2]	[3]
aa[0]	aa[0][0]	aa[0][1]	aa[0][2]	aa[0][3]
aa[1]	aa[1][0]	aa[1][1]	aa[1][2]	aa[1][3]
aa[2]	aa[2][0]	aa[2][1]	aa[2][2]	aa[2][3]

실제로 메모리에 할당되는 것은 다음 표와 같이 연속으로 할당된다. 즉, 2차원 배열은 연속된 영역에 만들어진다.

int aa[3][4];

[0][0]	[0][1]	[0][2]	[0][3]	[1][0]	[1][1]	[1][2]

… … … …

[2][1]	[2][2]	[2][3]

요소의 번호순서는 우측의 대괄호 내의 숫자가 먼저 변하도록 요소 번호가 부여된다.

aa[0][0] 0 행 0 열 (0, 0)
aa[0][1] 0 행 1 열 (0, 1)
aa[0][2] 0 행 2 열 (0, 2)
aa[0][3] 0 행 3 열 (0, 3)
aa[1][0] 1 행 0 열 (1, 0)
⋮
aa[2][3] 2 행 3 열 (2, 3)

이들 배열 중에서 어느 데이터 하나를 구체적으로 지적하려면 1차원 배열은 배열명[요소 번호], 2차원 배열은 배열명[행 요소 번호][열 요소 번호]라 쓰고, 각 배열의 구체적인 배열 요소를 지정하면 다음과 같이 된다.

1차원 배열 → a[2], 2차원 배열 → aa[2][1]

배열의 시작 주소는 다음과 같다.

aa = &aa[0], aa[0]= &aa[0][0]

8.1.2 1차원 배열의 초기화

배열을 선언함과 동시에 각 배열의 요소마다 초기치를 부여할 수 있다.

```
int  a[5] = {10, 20, 30, 40, 50};
      ↗              ↖
  배열선언          초기치
```

프로그램 8-1

```
int main( )
  {
    int a[5]={10, 20, 30, 40, 50};
    printf("%d, %d, %d, %d, %d", a[0],a[1], a[2], a[3], a[4]);
    return 0;
  }
```

◆ 실행결과

```
10, 20, 30, 40, 50
```

위의 프로그램에서 배열명 a의 배열 요소에는 다음과 같이 초기치가 부여된다.

a

a[0]	a[1]	a[2]	a[3]	a[4]
10	20	30	40	50

프로그램 8-2

```
static int aa[10]={1, 2, 3, 4, 5};
int main( )
  {
    int i;
    for(i=0; i<5; i++)  printf("aa[%d] => %d \n", i, aa[i]);
    return 0;
  }
```

◆ 실행결과

```
aa[0] => 1
aa[1] => 2
aa[2] => 3
aa[3] => 4
aa[4] => 5
```

프로그램 8-3

```
main( )
  {
    int k, sum ;
    int a[5]= {10, 20, 30, 40, 50};
    sum = 0;
    for(k=0; k<5; k++)
      sum += a[k];
      printf("sum= %d \n", sum);
  }
```

◆ 실행결과

```
sum= 150
```

배열은 데이터를 주고받는 방법에서 어떤 것을 선택해도 관계없으나 배열의 데이터형은 주고받는 것끼리 서로 같아야 한다. 그것은 데이터형에 따라서 하나하나의 요소를 표시하는 비트 길이가 다르기 때문이다. 배열의 선언에서 초기치가 주어지지 않는 요소는 자동으로 0이 부여된다.

```
int a[6] = {10, 20, 30, 40}
int a[6] = {10, 20, 30, 40, 0, 0}
```

배열의 크기보다 초기치를 많이 주면 컴파일 할 때 에러(error)가 발생한다.

배열을 이용하여 문자열을 기억시키고자할 때에는 문자열의 개수보다 1개 이상의 크기를 확보하여야 한다.

```
char s[7] = "school" ;
char s[7]= {'s','c','h','o','o','l',₩0} ;
char s[7]= {'s','c','h','o','o','l'} ;
```

위의 세 문장은 같은 내용이다. 문자열의 끝에는 항상 '₩0'(NULL)문자가 붙어오기 때문에, 위의 두 번째 문장에서 맨 뒤에 '0'문자는 생략하여도 된다. 그리고 문자열은 요소 참조번호를 가질 수 있다.

"school"[0] → s　　"school"[1] → c　　"school"[6] → ₩0

1차원 배열을 선언할 때, 다음과 같이 배열의 요소수를 생략할 수 있다.

```
int day[5] = {1, 2, 3, 4, 5}
int day[ ] = {1, 2, 3, 4, 5}
```

위의 두 내용은 서로 같은 내용이다. 즉, 배열의 크기를 정의하여 주지 않아도 요소의 초기치만큼 자동적으로 크기가 확보된다. 이러한 경우는 데이터의 개수를 정확히 알 수 없을 때 사용하면 편리하다.

8.1.3 2차원 배열의 초기화

2차원 배열의 초기값 설정은 1차원 배열을 여러 개 모아 놓은 형식으로 다음과 같이 쓴다.

◉ 형식

```
데이터형  배열명[요소수][요소수]={{상수,상수,…,상수},
                              {상수,상수,…,상수},
                                  ……
                              {상수,상수,…,상수}};
```

4행 3열의 정수형 배열인 array를 초기화 경우는 다음과 같이 선언한다.

```
int array[4][3] = {{0, 1, 2},
                   {3, 4, 5},
                   {6, 7, 8},
                   {9, 10, 11}};
```

위의 array배열과 같이 초기치를 부여할 때 행단위로 중괄호 "{ }"를 사용하여 부여한다. 그러나 2차원 배열이 메모리에 연속적으로 할당되므로 행단위로 표시되어 있는 중괄호를 생략하여 부여할 수 있다.

```
int array[4][3] = {0, 1, 2, 3, 4, 5, 6, 7, 8, 9, 10, 11};
```

위의 초기치부여 방법은 사용자로 하여금 착오를 일으키기 쉽게 하므로 사용을 되도록 피하는 것이 좋다.

배열에 초기치를 부여할 때 선언한 배열크기보다 초기치가 적을 경우에는 남는 기억장소에는 0이 부여된다.

☞ 사용 예

```
int aa[3][4] = {{2, 3, 4, 5},
                {2, 3},
                {2, 3, 4} };
```

aa

2	3	4	5
2	3	0	0
2	3	4	0

다음은 배열명 array에 문자열을 초기치로 부여하는 경우를 알아본다.

배열의 열의 크기는 배열의 열 맨 끝에는 '₩0' (NULL)이 자동적으로 추가되므로 초기화 하고자 하는 문자열 개수보다 하나이상 크게 잡아야 한다.

```
char array[3][8] ={{'E','n','g','l','i','s','h'},
                   {'K','o','r','e','a','n'},
                   {'M','u','s','i','c'} };
```

위의 배열은 다음과 같은 기억장소의 형태를 갖는다.

array

E	n	g	l	i	s	h	'\0'
K	o	r	e	a	n	'\0'	
M	u	s	i	c	'\0'		

위와 같은 초기화방법은 쓰는데 불편하므로 보통 다음과 같은 방법으로 초기치를 부여한다.

```
char array[3][8] = {"English", "Korean", "Music"};
```

프로그램 8-4

```
void main( )
  {
    int a;
    static char word[5][10] ={
        "English", "Korean", "Computer",
        "Math", "Music" };

    for( a=0 ; a < 5 ; a++)
    printf(" %s\n", word[a]);
  }
```

◆ 실행결과

```
English
Korean
Computer
Math
Music
```

2차원 배열에서 초기치를 부여할 때 행의 크기는 생략할 수 있다. 그러나 열의 크기는 절대로 생략해서는 안 된다.

```
int aa[ ][2] = { {1, 2}, {3, 4}, {5, 6} };
```

프로그램 8-5

```
/*  2차원 배열 화면 출력 */
 void main( )
  {
    static int score[4][3] = {{80, 90, 85},
                              {70, 80, 95},
                              {75, 85, 90},
                              {80, 90, 95}};
    int j, k;
    printf("  English      Korean     Computer   \n");

    for(j=0; j<4; j++)
      {
        for(k=0; k<3; k++)
           printf("[%d][%d] = %d \t", j, k, score[j][k]);
        printf("\n");
      }
  }
```

◆ 실행결과

```
 Engilsh          Korean          Computer
[0][0] = 80    [0][1] = 90    [0][2] = 85
[1][0] = 70    [1][1] = 80    [1][2] = 95
[2][0] = 75    [2][1] = 85    [2][2] = 90
[3][0] = 80    [3][1] = 90    [3][2] = 95
```

프로그램 8-6

```
/* 한글 문자 배열 참조 */
  void main( )
    {
      static int score[3][3] = {{80, 90, 85},
                                {70, 80, 95},
                                {80, 90, 95}};
      static char name[3][5]={"물리","수학","영어"};
      int j, k, sum;
      for(j=0; j<3; j++)
        printf("%5s \t", name[j]);
      printf("\n");

      for(j=0; j<3; j++)
        {
          sum = 0 ;
          for(k=0; k<3; k++)
            sum +=  score[j][k] ;
          printf("%d \n", sum);
        }
    }
```

◆ 실행결과

```
물리     수학    영어
255
245
265
```

프로그램 8-7

```
/* 2차원 배열에 데이터 입출력 */
 void main( )
  {
    int j, k ;
    int  input[3][3] ;
    for(j=0; j<3; j++)
      for(k=0; k<3; k++)
        scanf_s("%d", &input[j][k]);

    for(j=0; j<3; j++)
      {
        for(k=0; k<3; k++)
          printf("%d \t", input[j][k]);
        printf("\n");
      }
  }
```

◆ 실행결과

```
0 1 2 3 4 5 6 7 8 9 ↵
0     1     2
3     4     5
6     7     8
```

8.2 포인터(pointer)

8.2.1 포인터의 개요

포인터(pointer)는 하나의 변수로서 사용되며, 일반적인 변수처럼 데이터를 갖고 있는 것이 아니라 메모리의 번지수를 저정하고 있다. 포인터를 사용하면 컴퓨터의 메모리에 직접 접근할 수 있으므로, C언어가 갖는 큰 장점인 저공(low-level) 프로그래밍이 가능하다. 즉, 포인터를 이용하여 데이터를 직접 메모리에 저장하거나 끄집어낼 수 있다.

일반적으로 메모리에 저장되는 내용에 대한 변수와 번지수의 관계를 아래 그림과 같이 나타낼 수 있다.

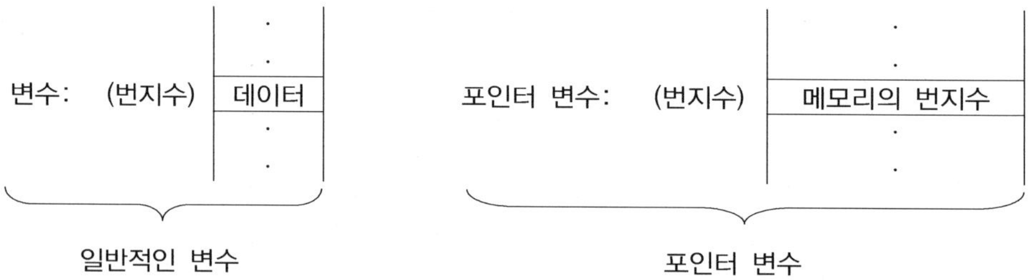

8.2.2 포인터 선언

포인터 변수의 선언은 별표(*)를 변수 이름 앞에 적음으로써 이루어진다.

```
int  *p, *q=0;
```

위에서 변수 p, q는 정수형 데이터의 주소를 가질 수 있는 포인터 변수로 선언되었다. 여기서 포인터 변수는 *p, *q가 아니라 p, q이며, 포인터 변수 q는 0(null pointer)으로 초기화된 것이다.

포인터 변수를 초기화하기 위해서 다른 변수의 번지수가 필요하므로, 변수의 번지수를 직접 얻을 수 있는 기능이 필요하다. C에서는 & 연산자가 이 기능을 수행한다. 예를 들어 &y는 변수 y가 저장되어 있는 메모리의 번지수를 나타낸다. 연산자 *를 간접(indirection) 연산자, &를 주소(address-of) 연산자라고 하며, 이들을 사용하여 포인터 변수를 선언하는 형식은 다음과 같다.

```
int a=10;
int * p=0;
p=&a;
```

또는

```
int a=10;
int * p=&a;
```

이 때 변수별 메모리 번지의 관계 다음과 같이 된다. 메모리 번지수는 컴퓨터에 따라 임의로 변할 수 있다.

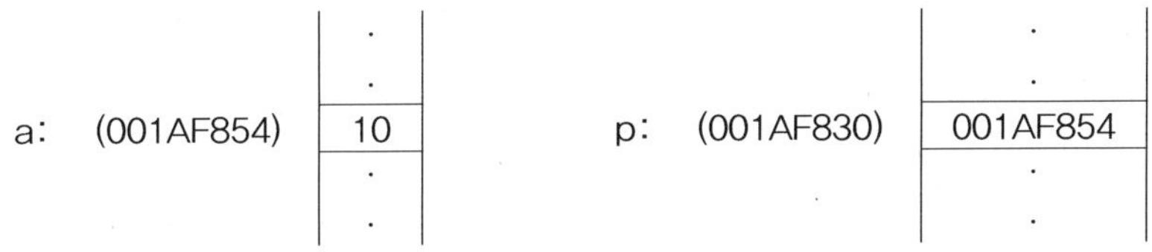

한편, 간접 연산자 *가 변수 선언문 외의 프로그램 본문에서 포인터와 함께 사용될 때에는 간접참조(dereference) 연산자로 작용한다. 간접참조란 포인터가 가리키는 번지의 데이터에 접근하는 것을 의미한다.

```
int a=10, b;
int *p=&a;
① b=*p;          /* b=10 */
② *p=100;        /* a=100 */
```

위의 예에서 다음의 내용을 알 수 있다. ① 포인터 p가 가리키는 변수 a의 번지에 있는 정수 10을 변수 b에 대입시킨다. ② 포인터 p가 가리키는 변수 a의 번지에 정수 100을 저장시킨다.

☞ 사용 예

```
void main(void) {
int m=10;
int * p=&m;                       /* 정수형 포인터 변수 선언 */
printf("m=%d \n", m);             /* 변수 m의 내용 출력 */
printf("&m=%d \n", &m);           /* 변수 m의 번지수 출력 */
printf("m=%d \n", *(&m));         /* 변수 m의 내용 출력 */
printf("p=%d \n", p);             /* 포인터 p의 내용 출력 */
printf("&p=%d \n", &p);           /* 포인터 p의 번지수 출력 */
printf("*p=%d \n", *p);           /* 포인터 p에 의하여 참조된
                                  메모리의 내용 출력 */
```

프로그램 8-8

```
void main(void)
  {
    int a=100, * p=&a;
    char c='X', * q=&c;
    printf("Address of a= %p \t", p);
    printf("Address of c= %p \n", q);
    printf("Address of p= %p \t", &p);
    printf("Address of q= %p \n", &q);
    printf("a = %d, c = %c \n", *p, *q);
    *p=200; *q='Y';
    printf("Modified: a = %d, c = %c \n", a, c);
  }
```

◆ 실행결과

```
Address of a= 0023F8A8  Address of c= 0023F893
Address of p= 0023F89C  Address of q= 0023F884
a = 100, c = X
Modified: a = 200, c = Y
```

8.2.3 포인터와 배열

C에서 배열명은 그 배열 첫 요소의 위치를 가리키는 포인터가 된다. 아래와 같이 정수 배열을 선언하면,

```
int a[5]={10, 20, 30, 40, 50};
```

배열명 a는 배열 a[5]의 첫 요소인 a[0]의 포인터이다. 즉 a는 &a[0]와 동일하다. 따라서 a[0]의 주소를 갖는 포인터 p를 선언할 경우 다음의 두 방법이 가능하다.

```
int *p=&a[0];        또는        int *p=a;
```

프로그램 8-9

```
void main( )
  {
    int a[5]={10, 20, 30, 40, 50};
    int * p=a;     /* 또는 *p=&a[0] */
    printf("a[0]: a[0] = %d \n", a[0]);
    printf("*a:    a[0] = %d \n", *a);
    *p += 100;
    printf("Modified: a[0] = %d \n", a[0]);
  }
```

◆ 실행결과

```
a[0]: a[0] = 10
*a:    a[0] = 10
Modified: a[0] = 110
```

위의 예에서 두 포인터 a와 p는 동일하게 a[0]의 주소를 가지는데, 이들을 엄밀하게 구분하면, 배열명 a는 항상 배열 a[5]의 시작 주소만을 가리키는 포인터 상수이며, 포인터 p는 프로그램 내에서 다른 정수 데이터의 메모리 주소를 가리킬 수도 있는 포인터 변수이다. 특히, 1차원 배열에서는 이 둘을 호환하여 사용할 수 있어서, 포인터를 배열의 이름처럼 사용하여도 된다.

프로그램 8-10

```
void main( )
  {
    int k, a[5]={10, 20, 30, 40, 50};
    int * p = a;
    printf("a:                ");
    for (k = 0; k < 5; k++) printf("%d       ", a[k]);
    printf("\n");
    printf("Modified a: ");
    for (k = 0; k < 5; k++){
      p[k] += 100;                    /* 포인터를 배열의 이름으로 사용 */
```

```
        printf("%d     ", p[k]);}
        printf("\n");
        p = &k;
        printf("Address of k: %p \n", p);
    }
```

◆ 실행결과

```
a:            10   20   30   40   50
Modified a: 110  120  130  140  150
Address of k: 0025FDF4
```

8.2.4 포인터 연산

포인터의 연산은 덧셈과 뺄셈 두 개뿐이며 다른 연산에 대하여는 보증되지 않는다. 다음과 같은 여러 가지 방법으로 포인터 연산을 사용하여 배열의 요소를 표현할 수 있다.

☞ 1차원 배열 `int a[5]={1, 2, 3, 4, 5};`
`int *p=a;`

① 요소 0번째의 데이터: a[0] => p[0], *(p+0), *p
② 요소 2번째의 데이터: a[2] => p[2], *(p+2)
③ 요소 2번째의 번지: &a[2] => &p[2], p+2

☞ 2차원 배열 `int b[3][3]={{1, 2, 3}, {4, 5, 6}, {7, 8, 9}};`
`int *q=b[0], *r=b[1];`

① 요소 0번째의 데이터: b[0][0] => *(q+0), *q
② 요소 5번째의 데이터: b[1][2] => *(q+5), *(b[1]+2), *(r+2)
2차원 배열에서 b[1]은 두 번째 행의 첫 요소인 b[1][0]의 포인터이다.
③ 요소 5번째의 번지: &b[1][2] => q+5, b[1]+2, r+2

프로그램 8-11

```
void main( )
  {
    int *a;
    char *b;
    float *c;
    a=1000;    /* 포인터 변수 a에 1000번지를 지정 */
    b=1100;
    c=1200;
    printf("a+1 => %d\n",++a);
    printf("a+2 => %d\n",++a);
    printf("b-1 => %d\n",--b);
    printf("b-2 => %d\n",--b);
    printf("c+1 => %d\n",++c);
    printf("c+2 => %d\n",++c);
  }
```

◆ 실행결과

```
a+1 => 1004
a+2 => 1008
b-1 => 1099
b-2 => 1098
c+1 => 1204
c+2 => 1208
```

프로그램 8-12

```
int fun(char *, float *);
int write(char *, float *);
int main(void)
  {
    char  aa[5];
    float  bb[10];
    fun(aa, bb);
    return 0;
```

```
  }
int fun(char *a, float *b)
  {
    int i;
      printf("\n char => %4d  float => %4d \n",sizeof(*a), sizeof(*b));
      for (i = 0; i < 3; i++)
        {
          write(a,b);
          a++;
          b++;
        }
      return 0;
  }
int write(char *a, float *b)
  {
    printf("\n char : %p    float : %p \n", a, b);
    return 0;
  }
```

◆ 실행결과

```
char =>     1    float =>     4
char : 001BF9B4    float : 001BF9A0
char : 001BF9B5    float : 001BF9A4
char : 001BF9B6    float : 001BF9A8
```

프로그램 8-13

```
void main( )
  {
    int  a[6]={10, 20, 30, 40, 50, 60};
    int  k;
    int  *b;
    b= &a[0];                          /* 또는 b = a; */
    for(k=0; k<6; k++)
    printf("a[%d] = %d\n", k,  *(b+k));
  }
```

◆ 실행결과

```
a[0] = 10
a[1] = 20
a[2] = 30
a[3] = 40
a[4] = 50
a[5] = 60
```

프로그램 8-14

```
void main( )
  {
    int a[ ]= {10, 20, 30, 40, 50};
    int   sum = 0;
    int   *b;
    b = a;
    do
      {
        sum   +=   *b++;
        } while(b <= &a[4]);
      printf("sum=%d \n",sum);
  }
```

◆ 실행결과

```
sum = 150
```

포인터와 2차원 배열의 경우에도 1차원 배열을 확장하여 생각할 수 있다.

```
int aa[3][3];
```

위와 같이 선언된 3행 3열의 2차원 배열 aa[3][3]은 포인터를 이용하여 간단히 참조할 수 있다. 즉 포인터를 이용할 경우에 9개(3×3)의 기억장소가 연속적으로 할당된다.

프로그램 8-15

```
void main( )
 {
   int  aa[3][3]={{10, 20, 30},
                  {40, 50, 60},
                  {70, 80, 90}};
   int  i, j, k=0;
   int  *b;
   b= &aa[0][0];                        /* b = aa[0]; */
   for(i=0; i<3; i++)
     {
       for(j=0; j<3; j++)
         {
           printf("aa[%d][%d] = %d\t", i, j,  *(b+k));
           k++;
         }
       printf("\n");
     }
 }
```

◆ 실행결과

```
aa[0][0] = 10    aa[0][1] = 20    aa[0][2] = 30
aa[1][0] = 40    aa[1][1] = 50    aa[1][2] = 60
aa[2][0] = 70    aa[2][1] = 80    aa[2][2] = 90
```

프로그램 8-16

```
void main( )
 {
   int aa[3][3]={{1,2,3},
                 {4,5,6},
                 {7,8,9}} ;
   int i, *b;
   b = aa[1];
   for(i=0; i<3; i++)
   printf("aa[1][%d]= %d \n",i, *(b+i));
 }
```

◆ 실행결과

```
aa[1][0]= 4
aa[1][1]= 5
aa[1][2]= 6
```

8.2.5 포인터 배열(Array of pointers)

포인터 배열은 배열명 앞에 별표(*)를 붙여 나타내며, 다른 데이터를 참조하는 포인터를 가지고 있는 배열이다.

◉ 포인터 배열의 선언 형식

```
자료 유형  *  배열명[요소 수];
```

배열명[ ]이 나타내는 주소에 저장된 데이터는 자료 유형이 char이면 문자 데이터, int이면 정수 데이터이다. 요소 수가 생략되면 할당된 데이터에 맞추어 자동으로 설정된다.

프로그램 8-17

```
void main( ){
  int  a[] = {10, 20, 30};
  int i, *p[3];      /* 정수형 포인터 배열 */
  for (i = 0; i < 3; i++) p[i] = &a[i];
  for (i = 0; i < 3; i++) printf("a[%d] = %d\n", i, *p[i]);
}
```

◆ 실행결과

```
a[0]= 10
a[1]= 20
a[2]= 30
```

다음은 문자열의 포인터 배열을 선언하고 초기값을 설정하는 예를 나타낸다. 문자열은 메모리 공간에 저장되면 첫 문자의 주소 값을 반환한다. 따라서 문자열도 하나의 포인터이며, 포인터 배열의 요소로 쓸 수 있다.

☞ 사용 예

```
char *day[ ] = {"Sunday", "Monday", "Tuesday",
                "Wednesday", "Friday"};
```

배열은 다음과 같이 만들어진다.

포인터배열 day[ ]			(문자열 데이터)									
day[0]	①	→	'S'	'u'	'n'	'd'	'a'	'y'	'\0'			
day[1]	②	→	'M'	'o'	'n'	'd'	'a'	'y'	'\0'			
day[2]	③	→	'T'	'u'	'e'	's'	'd'	'a'	'y'	'\0'		
day[3]	④	→	'W'	'e'	'd'	'n'	'e'	's'	'd'	'a'	'y'	'\0'
day[4]	⑤	→	'F'	'r'	'i'	'd'	'a'	'y'	'\0'			

①~⑤에는 각 문자열의 시작 주소, 즉, 포인터가 저장되며, 문자열 데이터는 다른 메모리 공간에 저장된다. 이 배열의 작성법은 2차원 배열의 구조와 비슷하지만, 번지에 따라 간접적으로 지시되는 문자열이 2차원 배열의 요소 열과는 서로 다르다. 2차원 문자 배열은 다음과 같이 연속적으로 메모리 공간에 저장된다.

```
char DAY[ ][10] = {"Sunday", "Monday", "Tuesday",
                   "Wednesday", "Friday"};
```

		0	1	2	3	4	5	6	7	8	9
DAY[0]	0	'S'	'u'	'n'	'd'	'a'	'y'	'\0'	'\0'	'\0'	'\0'
DAY[1]	1	'M'	'o'	'n'	'd'	'a'	'y'	'\0'	'\0'	'\0'	'\0'
DAY[2]	2	'T'	'u'	'e'	's'	'd'	'a'	'y'	'\0'	'\0'	'\0'
DAY[3]	3	'W'	'e'	'd'	'n'	'e'	's'	'd'	'a'	'y'	'\0'
DAY[4]	4	'F'	'r'	'i'	'd'	'a'	'y'	'\0'	'\0'	'\0'	'\0'

프로그램 8-18

```
void main( ) {
int i;
char * day[] = {"Sunday", "Monday", "Tuesday", "Wednesday", "Friday"};
char DAY[][10]={"Sunday", "Monday", "Tuesday", "Wednesday", "Friday"};
for (i = 0; i < 5; i++)printf("day: %s \t DAY: %s\n", day[i], DAY[i]);
day[6] = "Saturday"
printf("day 6: %s \n", day[6]);
}
```

◆ 실행결과

```
day: Sunday          DAY: Sunday
day: Monday          DAY: Monday
day: Tuesday         DAY: Tuesday
day: Wednesday       DAY: Wednesday
day: Friday          DAY: Friday
day 6: Saturday
```

8.2.6 포인터와 문자열

앞에서 설명한 것과 같이, 문자열은 시작 위치의 주소 값을 나타내는 포인터이므로, 문자열을 포인터 변수에 저장할 수 있다. 문자열의 포인터 선언 및 초기화 형식은 다음과 같다.

◉ 문자열의 포인터 선언 및 초기화 형식

```
char  *포인터명 = "문자열"
```

예를 들어,

```
char  *p = "abcd" ;
```

의 경우, 포인터 변수 p는 문자열 "abcd"의 시작 주소를 가지게 된다.

p

p[0]	p[1]	p[2]	p[3]	p[4]
'a'	'b'	'c'	'd'	'\0'
*p	*(p+1)	*(p+2)	*(p+3)	*(p+4)

따라서 p와 &p[0]는 같은 번지를 지시한다. 특정 배열 요소의 번지를 나타낼 때는 다음과 같이 &를 배열명[요소 번호] 첫머리에 붙인다.

◉ 특정 배열 요소의 번지를 나타내는 형식

```
1차원 배열: &배열명[요소 번호]
2차원 배열: &배열명[요소 번호][요소 번호]
```

프로그램 8-19

```
/* 문자열의 출력 */
  void main( )
    {
      char *str, a[ ] = "Korean" ;
      str = &a[0];                    /* str = a 로 하여도 된다 */
      printf("%s \n",str);
      printf("%s \n", a);
      printf("%s \n", str+3);
      printf("%s \n", str+4);
    }
```

◆ 실행결과

```
Korean
Korean
ean
an
```

다음은 배열 요소의 번지를 전달해 주고 그 내용을 출력하는 예제이다.

프로그램 8-20

```
#include <stdio.h>
static int  p[5]= {10, 20, 30, 40, 50};
void main( )
  {
    int fun(int * pp);
    int a1, a2, a3;
    a1 = fun(p);
    a2 = fun(&p[0]);
    a3 = fun(&p[4]);
    printf(" p     ->  %d \n", a1);
    printf("&p[0] ->  %d \n", a2);
    printf("&p[4] ->  %d \n", a3);
  }
int fun(int * pp)
  {
    return(*pp);
  }
```

◆ 실행결과

```
   p    ->  10
&p[0] ->  10
&p[4] ->  50
```

프로그램 8-21〈포인터를 이용한 문자열의 결합〉

```
void main( )
  {
    void fun(char *, char *, char *);
    char word1[10], word2[10], word3[15];
    fun("Tea","cher",word1);                    /* words copy */
    printf("1) Tea + cher => %s \n", word1);
    fun("Stu","dent", word2);
    printf("2) Stu + dent => %s \n", word2);
    fun(word1, word2, word3);
```

```
    printf("3) %s \n", word3);
  }

void fun(char *a, char *b, char *c)
  {
    while(*a) *c++ = *a++;
    while(*b) *c++ = *b++;
    *c = 0x00;
  }
```

◆ 실행결과

```
1) Tea + cher => Teacher
2) Stu + dent => Student
3) TeacherStudent
```

8.2.7 이중포인터

다른 포인터의 메모리 번지를 저장하고 있는 포인터를 이중포인터라고 한다. 즉, 포인터의 포인터(pointer to pointer)라고 할 수 있다. 이중포인터의 선언은 포인터 연산자를 두 번 연속 사용하여 표시하며 선언 형식은 다음과 같다.

◉ 이중포인터의 선언 형식

```
자료형    **포인터명;
```

🍎 프로그램 8-22

```
void main( )
  {
    int a, *b, **c;
    a=10;
    b=&a;
    c=&b;
    printf("c= %d \n",**c);
  }
```

◆ 실행결과

```
c= 10
```

설명

포인터 b에는 변수 a의 메모리 주소가 저장된다. 그리고 이중포인터 **c에는 포인터 b의 메모리 주소가 저장된다. 즉 c가 기억되어 있는 번지를 찾아가면 그곳에는 다시 실제의 데이터가 기억되어 있는 주소가 저장되어 있다. 따라서 이중포인터는 두 번 주소를 참조한 뒤에야 실제의 데이터를 얻을 수 있다.

프로그램 8-23

```
/* 2차원 배열에서 이중 포인터 사용 */
  void main( )
    {
      static int a[3][4]={{1, 2, 3, 4},
                          {5, 6, 7, 8},
                          {9,10,11,12}};
      printf("   a = %d \n",    a);
      printf(" *a = %d \n",   *a);                     /* 0번째 요소의 포인터 */
      printf(" &a[0] = %d \n",   &a[0]);
      printf("**a = %d \n", **a);                      /* 0번째 요소의 데이터 */
      printf("*(a+1) = %d \n", *(a+1));                /* &a[1][0] */
      printf("**(a+1) = %d \n", **(a+1));              /* a[1][0]  */
      printf("*(*(a+1)+1)=%d \n", *(*(a+1)+1));        /* a[1][1] */
      printf(" *a[0] = %d \n",   *a[0]);
    }
```

◆ 실행결과

```
a = 884736
*a = 884736
&a[0] = 884736
**a = 1
*(a+1) = 884752
**(a+1) = 5
*(*(a+1)+1) = 6
*a[0] = 1
```

프로그램 8-24

```
/* 3차원 배열의 초기화 및 출력 */
  void main( )
    {
      int a[2][3][4]={{{10, 10, 10, 10},
                      {20, 20, 20, 20},
                      {30, 30, 30, 30}},
                      {{40, 40, 40, 40},
                      {50, 50, 50, 50},
                      {60, 60, 60, 60}}};
      int i, j, k;
      for(i=0; i<2; i++)
        for(j=0; j<3; j++)
          { for(k=0; k<4; k++)
              printf("[%d][%d][%d]=%d \t", i, j, k, *(a[i][j]+k));
              printf("\n");
          }
    }
```

◆ 실행결과

```
[0][0][0]=10    [0][0][1]=10    [0][0][2]=10    [0][0][3]=10
[0][1][0]=20    [0][1][1]=20    [0][1][2]=20    [0][1][3]=20
[0][2][0]=30    [0][2][1]=30    [0][2][2]=30    [0][2][3]=30
[1][0][0]=40    [1][0][1]=40    [1][0][2]=40    [1][0][3]=40
[1][1][0]=50    [1][1][1]=50    [1][1][2]=50    [1][1][3]=50
[1][2][0]=60    [1][2][1]=60    [1][2][2]=60    [1][2][3]=60
```

프로그램 8-25

```
/* 3차원 배열에서 이중 포인터 사용 */
 void main( )
  {
    int a[2][3][4]={{{10, 10, 10, 10},
                    {20, 20, 20, 20},
                    {30, 30, 30, 30}},
                    {{40, 40, 40, 40},
                    {50, 50, 50, 50},
                    {60, 60, 60, 60}}};
    int i, j, k;
    for(i=0; i<2; i++)
      for(j=0; j<3; j++)
    { for(k=0; k<4; k++)
      printf("[%d][%d][%d]=%d \t", i, j, k, *(*(*(a+i)+j)+k));
      printf("\n");
    }
  }
```

◆ 실행결과는 프로그램 8-24와 동일하다. 2차원 및 3차원 배열에서 이중 포인터의 이용 방법을 부록에서 자세히 설명하였다.

8.2.8 함수의 배열 인수 전달

함수에서 배열을 매개변수로 전달하고자 할 때, main함수에서 함수를 정의하고 호출하는 방법을 살펴보자.

프로그램 8-26 〈1차원 배열 파라미터〉

```
void main(void) {
  int i, a[] = { 1, 2, 3 }, b[] = { 4, 5, 6 }, c[3] = {};
  void sum_of_array(int *, int *, int *);
  /* 또는 void sum_of_array(int [], int [], int []); */

  sum_of_array(a, b, c);
  for (i = 0; i < 3; i++) printf("%d \t", *(c + i));    // c[i]
  printf("\n");  }

void sum_of_array(int *p, int *q, int *s) {
/* 또는 void sum_of_array(int p[], int q[], int s[]) {    */
  int i;
  for (i = 0; i < 3; i++) *s++ = *p++ + *q++;
}
```

◆ 실행결과

```
5    7    9
```

프로그램 8-27 (2차원 배열 파라미터)

```
void main( ) {
int i, j, a[][3] = { { 1, 2, 3 }, { 4, 5, 6 } };
void square_of_array(int [][3]);

square_of_array(a);
for (i = 0; i < 2; i++) {
  for (j = 0; j < 3; j++) printf("%d \t", *(*(a + i) + j)); // a[i][j]
```

```
    printf("\n");  }
  }
  void square_of_array(int s[][3])  {
    int i, j;
    for (i=0; i<2; i++) for (j=0; j<3; j++) s[i][j]=s[i][j]*s[i][j];
    return;    }
```

◆ 실행결과

```
1    4    9
16   25   36
```

프로그램 8-28

```
void fun(int *);
void main( )
  {
    static int a[3][4]={{1, 2, 3, 4},
                        {5, 6, 7, 8},
                        {9, 10, 11, 12}};
    int j, k;
    for(j=0; j<3; j++) fun(a[j]);              /* a[j]=&a[j][0] */
    for(j=0; j<3; j++)
      {
        for(k=0; k<4; k++)
          printf("%d \t", a[j][k]);
        printf("\n");
      }
  }
void fun(int *as)
  {
    int j;
    for(j=0; j<4; j++)                          /* 배열 주소를 참조한 포인터는 */
    as[j] -= 1;                                 /* 배열처럼 사용 가능 */
    return;
  }
```

◆ 실행결과

```
0    1    2    3
4    5    6    7
8    9    10   11
```

설명 위의 프로그램은 이차원 배열 a[3][4]를 각각 1을 빼서 출력하는 프로그램이다.

8.2.9 참조에 의한 함수 호출

제7장에서 함수를 다룰 때 데이터 값을 함수의 매개변수에 전달하는 방법을 살펴보았다. 이것을 값에 의한 함수 호출(call-by-value)이라고 부르며, 이 방식으로도 대부분의 프로그램이 가능하다. 그러나 다음의 경우처럼 두 변수의 값을 서로 교환하는 함수를 작성해 보자.

프로그램 8-29

```
#include <stdio.h>
void swap(int *, int *);
void main( )
  { int a=1, b=2;
    printf("Before swap: a=%d, b=%d \n", a, b);
    swap(&a, &b);
    printf("After swap: a=%d, b=%d \n", a, b); }
void swap(int *p, int *q)
  { int z=*p;
    *p=*q;
    *q=z;
    printf("Within swap: *p=%d, *q=%d \n", *p, *q); }
```

◆ 실행결과

```
Before swap: a=1, b=2
Within swap: *p=2, *q=1
After swap: a=2, b=1
```

swap 함수는 변수의 주소를 인수로 받아서 데이터 값을 서로 교환하였다. 이와 같이 포인터를 매개변수로 하여 함수를 호출하는 것을 포인터에 의한 함수 호출(call-by-pointer)이라고 한다. 아래의 프로그램 예에서 값에 의한 함수 호출 방식으로는 swap 함수가 구현되지 못함을 알 수 있다.

프로그램 8-30

```
#include <stdio.h>
void swap(int, int);
void main( )
  { int a=1, b=2;
    printf("Before swap: a=%d, b=%d \n", a, b);
    swap(a, b);
    printf("After swap: a=%d, b=%d \n", a, b); }
void swap(int x, int y)
  { int z=x;
    x=y;
    y=z;
    printf("Within swap: x=%d, y=%d \n", x, y); }
```

◆ 실행결과

```
Before swap: a=1, b=2
Within swap: x=2, y=1
After swap: a=1, b=2
```

8.2.10 명령줄의 파라미터와 포인터 배열

명령줄의 파라미터(command-line parameter)는, DOS나 UNIX 시스템에서, 실행파일이 시작될 때 main함수의 인수(argument)로서 프로그램에 전달되는 파라미터이다. 명령줄 파라미터는 실행파일명 뒤에 빈칸(space)으로 구분하여 나열한다. 예를 들면 filter.exe라는 실행파일에 data_1, data_2, data_3의 세 인수를 전달하기 위해서는 아래와 같이 실행 파일명 뒤에 인수를 나열한 후 프로그램을 실행 시킨다.

filter data_1 data_2 data_3 [Enter]

명령줄 파라미터를 이용하기 위해서는 다음과 같이 main함수 내에 argc와 argv를 선언해 주어야 한다.

◉ 사용 형식

```
void main( int argc, char * argv[] )
 {
        ;  프로그램
        ;
 }
```

argc(argument count)는 파라미터의 수를 나타내며, 실행 파일명도 포함하여 계산한다. 따라서 위의 예에서 argc=4 이다.

두 번째 인수 argv(argument vector)는 파라미터 문자열의 시작 번지를 갖는 포인터 배열이며, 이중 포인터를 사용하여 "char ** argv"로 선언하여도 된다. 위의 명령어와 파라미터를 입력하였을 때 포인터 배열에는 다음과 같이 저장된다.

포인터 배열		파라미터 문자열						
argv[0]	→	'f'	'i'	'l'	't'	'e'	'r'	'\0'
argv[1]	→	'd'	'a'	't'	'a'	'_'	'1'	'\0'
argv[2]	→	'd'	'a'	't'	'a'	'_'	'2'	'\0'
argv[3]	→	'd'	'a'	't'	'a'	'_'	'3'	'\0'

다음은 DOS 명령 프롬프트 창에서 명령줄에 입력한 파라미터를 출력하는 예를 살펴보자.

프로그램 8-31

```
#include <stdio.h>     /* 프로젝트 명을 filter라고 저장한다. */
  void main(int argc, char * argv[]) {
    int i;
    printf("argc = %d \n", argc);
    for(i=0;i<argc;i++) printf("argv[%d] : %s \n", i, argv[i]);
  }
```

◆ 실행결과 (DOS 명령 프롬프트 창을 열고, 실행 파일이 존재하는 Debug 디렉토리로 이동하여 아래의 명령을 수행한다.)

filter data_1 data_2 data_3 "1 2 3" Enter

```
argc = 5
argv[0] : filter
argv[1] : data_1
argv[2] : data_2
argv[3] : data_3
argv[4] : 1 2 3
```

프로그램 8-32

```
#include <stdio.h>
  void main(int argc, char ** argv) {
    int i;
    printf("argc = %d \n",argc);
    for(i=1; i<argc; i++) {
        ++argv;
        printf("argv[%d]  : %c    ", i, **argv);
        printf("%s \n", *argv);
    } }
```

◆ 실행결과 (DOS 명령 프롬프트 창을 열고, 실행 파일이 존재하는 Debug 디렉토리로 이동하여 아래의 명령을 수행한다.)

test_argv a12 b34 c56 d78 e90 Enter

```
argc = 6
argv[1] : a  a12
argv[2] : b  b34
argv[3] : c  c56
argv[4] : d  d78
argv[5] : e  e90
```

설명

*argv는 처음의 포인터 배열 요소 argv[0]가 갖는 주소를 가지고 있으며, **argv는 argv[0]가 지시하는 주소에 있는 문자열의 첫 번째 문자를 나타낸다. 명령문 ++argv;에 의하여 두 번째 요소부터 출력되었다.

1. 배열에 대하여 설명하고 1차원, 2차원, 3차원, …, N차원 배열의 선언방법에 대하여 설명하라.

2. 아래와 같은 프로그램을 실행하였을 때, 출력되는 결과를 설명하라.

```
int a=50, b, c=70, d;
int *p=&a, *q=0;
b=*p;
*p=300;
d=*(&c);
*(&c)=600;

printf("a = %d \n", a);
printf("b = %d \n", b);
printf("c = %d \n", c);
printf("d = %d \n", d);

printf("Address of a = %p \n", &a);
printf("p = %p \n", p);
printf("p+1 = %p \n", p+1);
printf("Address of p= %p \n", &p)

printf("q = %p \n", q);
printf("Address of q= %p \n", &q)
```

3. 포인터와 배열의 관계를 간단하게 설명하라.

4. 다음 프로그램의 결과를 출력하고 그 의미를 설명하라.

```
void main( ){
      int data1 = 100, data2 = 200;
      int *temp, *p = &data1, *q = &data2;
      int * a[2] = { p, q };
      printf("Before: data1= %d \t data2= %d \n", data1, data2);
      printf("          *a[0]= %d \t *a[1]= %d \n", *a[0], *a[1]);
      temp = p;
      p = q;
      q = temp;
      a[0] = p; a[1] = q;
      printf("After : data1= %d \t data2= %d \n", data1, data2);
      printf("          *a[0]= %d \t *a[1]= %d \n", *a[0], *a[1]);  }
```

5. 포인터 배열로부터 문자를 끄집어내어서 출력하는 프로그램이다. 실행결과를 보고 프로그램을 완성하라.

```
void main( )
  {
     int  a;
     char *name( );
     for(a=0; a<5; a++)
     printf(" %d   %s \n", a, name(a));
  }

char *name(nmr)
     int  nmr;
     {
       ststic  char *wrd[] = {
                          "          ", "          ", "              ", "          ",
                          "          " };
       return(            );
     }
```

◆ 실행결과

```
0)    Sunday
1)    Monday
2)    Tuesday
3)    Eednesday
4)    Friday
```

6. 다음 프로그램의 실행결과를 작성하라.

```
#include <stdio.h>
void main( )
  {
    char a='Z', b='X';
    char *s1, *s2;
    s1 = &a;
    s2 = &b;
    printf("%c %c \n", *s1, *s2);
    s2 = s1 ;
    printf("%c %c\n", *s1, *s2);
  }
```

◆ 실행결과

7. 정수형으로 선언된 배열의 데이터를 포인터를 참조하여 그 값을 출력하는 프로그램을 작성하라.

```
#include <stdio.h>
void main( )
  {
    int aa[4] = { 10, 20, 30, 40 };
    int *x;
    x = aa ;
    printf(" 요소  번지   내용  포인터 \n");
    printf(" %d    %4X    %d    %4X \n", aa[0], &aa[0], *x, x);
    x++;
    printf(" %d    %4X    %d    %4X \n", aa[1], &aa[1], *x, x);
    x++;
    printf(" %d    %4X    %d    %4X \n", aa[2], &aa[2], *x, x);
    x++;
    printf(" %d    %4X    %d    %4X \n", aa[3], &aa[3], *x, x);
  }
```

◆ 실행결과

8. 배열과 포인터를 이용하여 다음과 같은 실행결과가 나오도록 프로그램을 작성하라.

◆ 실행결과

```
Morning
Mornin
Morni
Morn
Mor
Mo
M
```

9. 다음 프로그램을 작성하고 의미를 설명하라.

```
#include <stdio.h>
void main( )
  {
    static char pa[ ] = "music" ;
    int fun(char *);
    printf("%d \n", fun(pa) );
  }
int fun(char * yy);
  {
    char *xx = yy;
    while(*yy) {yy++;  printf("%d \t", yy - xx - 1); }
    printf("%n");
    return(yy-xx-1);
  }
```

9 구조체와 공용체

지금까지 다루어온 기본 자료형, 배열 및 포인터형은 근본적으로 같은 데이터형을 처리하기 위해 구성된 자료형태였다. 그러나 구조체는 서로 다른 데이터형을 같이 한데 묶어서 처리할 수 있도록 해주는 데이터 유형이다. 이 장에서는 C언어에서 제공하는 구조체 선언, 구조체 초기화, 구성요소 참조에 관하여 다루며, 또한 동일한 기억장소를 여러 자료형이 공유할 수 있도록 해주는 공용체에 관하여도 설명한다.

9.1 구조체

지금까지 여러 가지 종류의 변수를 정의하는 방법을 배워왔다. 이들은 한 개의 변수에 한 개의 값을 대응시켰을 뿐이다. 배열의 경우에 있어서는 복수의 데이터를 대응시킬 수 있지만, 각각의 요소에 대하여 같은 형밖에는 대응시킬 수밖에 없었다. 그러나 데이터를 처리하다 보면 서로 관련된 데이터들이 존재할 수 있다. 예를 들어, 어떤 사람의 신상명세서를 작성하는 프로그램을 작성한다고 할 때 이름, 성별, 나이, 생년월일, 직업, 주소, 전화번호 등은 모두 그 사람 개인에 관련되어 있는 자료유형이다. 이들의 서로 관련된 데이터를 같이 묶어서 처리할 수 있도록 하나의 새로운 자료형으로 만든 데이터형을 구조체(structure)라 부른다. 또한 파스칼(Pascal)에서는 구조체를 레코드(record)라 부른다.

9.1.1 구조체 선언

구조체는 예약어 struct을 사용하여 정의한다. 형식은 다음과 같다.

(1) 구조체의 기본적 선언 방법

```
struct 구조체이름
    {
      구조체  구성요소 1 ;
      구조체  구성요소 2 ;
       …
      구조체  구성요소 n ;
    } ;
```

구조체를 실제로 사용하려면 다음과 같이 실제 사용하는데 필요한 변수를 생성하여야 한다.

```
struct  구조체이름  변수1, 변수2,  … ;
```

프로그램 9-1

```
struct student
  {
    char name[10];
    char add[20];
    int tel[10];
  };
struct student s1, s2;
```

(2) 변수명(기억장소)을 직접 확보하는 방법

```
struct 구조체이름
    {
      구조체   구성요소 1 ;
      구조체   구성요소 2 ;
        ...
      구조체   구성요소 n ;
    } 변수 ;
```

프로그램 9-2

```
struct student
  {
    char name[10];
    char add[20];
    int tel[10];
  } st ;
```

(3) 구조체 이름을 여러 개로 선언하는 방법

```
struct 구조체이름
     {
       구조체  구성요소 1 ;
       구조체  구성요소 2 ;
         …
       구조체  구성요소 n ;
     } 변수1, 변수2 … ;
```

프로그램 9-3

```
struct student
  {
    char name[10];
    char add[20];
    int tel[10];
  } st1, st2, stlist[10] ;
```

설명

프로그램 9-3과 같이 구조체를 선언한 경우에 실제의 유형은 어떻게 구성되어 있는지 살펴보자.

student가 이 구조체의 이름이며 name[10], add[20], tel[10]은 구조체를 구성하는 구성요소로 멤버(member)이다. 이와 같이 구조체를 선언한 경우 실제로 기억장소가 확보되는 것은 아니다. 단순히 이름(태그, tag)을 선언했을 뿐이다. 기억 장소의 확보는 다음과 같이 선언한다.

```
struct student st ;
```

st는 student형으로 기억 장소가 확보된다. 이 예는 1차원 적으로 연속된 기억장소를 확보하고 있다.

일반적으로 자료 유형에 배열이 있듯이 구조체에서도 배열을 선언할 수가 있다. 이것을 구조체 배열이라고 부른다. 이 구조체의 배열은 우리의 일상생활에서 사용 중인 주소록 따위를 C언어로 만들고자 할 때 대단히 효율적으로 처리할 수 있는 유도 자료 유형의 하나이다. 구조체 배열의 기억 장소의 확보는 일반적으로 다음과 같이 한다.

```
struct  구조체이름  배열명[요소수];
```

실제로 student형의 구조체배열 10개 요소의 기억장소를 확보하려면 다음과 같이 쓴다.

☞ 사용 예

```
struct student
  {
    char name[10];
    char add[20];
    int tel[10];
  } stlist[10];
```

위 구조체 배열을 그림으로 나타내면 다음과 같다.

배열명 : stlist

	name[10]	add[20]	tel[10]
[0]	10개의 문자배열	20문자의 문자배열	10개의 정수배열
[1]			
[2]			
⋮			
[8]			
[9]			

9.1.2 구조체 변수의 초기화

구조체에 초기값을 넣는 방법은 배열에 초기값을 넣는 방법과 동일하게 구조체를 구성하는 각 구성요소(멤버)에 중괄호{ }를 사용하여 다음과 같이 정의하면 된다.

```
struct  구조체이름  변수명 = {초기치, 초기치,  •••};
```

여기서 구조체마다 상수의 수가 다를 경우에는 구조체 단위에 중괄호로 둘러싸야 한다. 즉 「{ {…}, {…}, {…} }」라는 형식을 갖추어야 한다.

실제로 다음과 같은 구조체 score에 초기값을 넣는 예를 들어 보자. 구조체 score는 english, math, computer라는 구성요소(멤버)로 이루어진다.

score ↘

	name[20]	english	math	computer
[0]	uiduk	100	90	100
[1]	gildong	85	75	88
[2]	mihwa	65	99	100
[3]	chulsu	85	78	100
[4]	soonhee	78	86	95

위와 같은 초기값을 넣어 놓은 구조체 배열을 출력하는 프로그램은 다음과 같다.

프로그램 9-4

```
struct score {
    char name[20];
    int english, math, computer;
  };
struct score sc[5] = {              /* 구조체에 초기값 넣기 */
            {"uiduk", 100, 90, 100},
            {"gildong", 85, 75, 88},
            {"mihwa", 65, 99, 100},
            {"chulsu", 85, 78, 100},
            {"soonhee", 78, 86, 95}
                                  };
```

```
void main( )
  {
    int i;
    printf("name   english   math   computer\n");
    for(i=0; i<5; i++)
    printf("%s   %3d   %3d   %3d \n", sc[i].name, sc[i].english,
                                   sc[i]. math,
                                   sc[i].computer);
  }
```

◆ 실행결과

```
name       english    math     computer
uiduk      100         90        100
gildong    85          75        88
mihwa      65          99        100
chulsu     85          78        100
soonhee    78          86        95
```

다음은 구조체 구성요소에 포인터를 사용한 문자열의 초기화는 다음과 같다.

juso[6]

num ↓	name pointer ↓	tel pointer ↓
100	Uiduk	0561-760-1129
101	Mihwa	0562-720-3546
102	Gildong	0361-55-6734
103	Daemin	053-850-6385
104	Younggyu	02-353-6385
105	Chulsu	042-596-7272

프로그램 9-5

```
struct jusolok{
    int   num;
    char   *name, *tel;
  };
```

```
struct jusolok
juso[6] = {                                        /* 구조체에 초기값 넣기 */
            100,    "Uiduk",        "0561-760-1129",
            101,    "Mihwa",        "0562-720-3546",
            102,    "Gildong",      "0361-55-6734",
            103,    "Daemin",       "053-850-6385",
            104,    "Younggyu",     "02-353-6385",
            105,    "Chulsu",       "042-596-7272"
            };
void main( )
  {
    int i;
    printf(" num     name          tel \n");
    for(i =0; i<6 ; i++)
    printf(" %03d %-10s %10s \n", juso[i].num,
                         juso[i].name, juso[i].tel);
  }
```

◆ 실행결과

```
num   name        tel
100   Uiduk       0561-760-1129
101   Mihwa       0562-720-3546
102   Gildong     0361-55-6734
103   Daemin      053-850-6385
104   Younggyu    02-353-6385
105   Chulsu      042-596-7272
```

9.1.3 구조체 변수의 구성요소 참조

구조체 변수의 구성요소 참조 방법에는 두 가지 방법이 있다. 하나는 구조체 변수와 구성요소를 dot(.)으로 연결하는 방법이고, 다른 하나는 minus 부호(-)뒤에 부등호(>)를 붙인 기호(->)를 사용하는 방법이 있다.

(1) dot(.) 기호를 이용

구성요소 참조 기호 dot(.)은 구조체 변수내의 구성요소를 지정할 때 이용한다.

구조체 변수.구성요소

struct jusolok juso; 경우에 juso.num는 구조체로 juso가 포함하는 요소 num을 나타낸다. 또한, 구조체 배열에서 구조체 구성요소의 참조는 다음과 같이 표현한다.

구조체 배열명[요소 번호].구성요소

다음과 같이 선언된 구조체 배열에서 구성요소의 참조는 다음과 같다.

struct jusolok juso[20];

juso[n].num로 구조체 배열 juso의 구성요소 num를 표시한다.

(2) minus(-) 및 부등호(>) 기호 이용

C언어에서는 포인터가 배열과 유사한 방법으로 이용되고 있다. 이는 구조체에서 배열이 이용되고 있는 것과 같이 포인터도 사용할 수 있다. 구조체 포인터에서 구성요소를 참조하기 위해서는 '->'기호를 사용한다. 구조체 변수는 일반적인 변수와 같이 포인터의 조작이 가능하다.

구조체 포인터 -> 구성요소

다음 프로그램은 위에서 설명한 구조체의 두 가지 참조 방법의 관계를 나타낸다.

프로그램 9-6

```
#include <stdio.h>
struct student {
  int  english, math;
  char  *name;
  };
void main( )
  {
    struct student zaryou;
    struct student *st=&zaryou;
    st->name = "gildong";
    (*st).english = 95;
    st->math = 85;
    printf("name : %s \n",st->name);
    printf("english: %3d \n",st->english);
    printf("math: %3d \n",st->math);
  }
```

◆ 실행결과

```
name : gildong
english: 95
math: 85
```

설명

프로그램 9-6의 main 함수에서 구성요소의 참조는 다음과 같다.

&zaryou	&구조체 변수이므로 구조체의 처음 번지
zaryou.english	정수값
zaryou.name	배열명이므로 name 배열의 번지
zaryou.name[4]	name 배열의 5번째 문자.

st 포인터 요소를 참조하면 다음과 같다.

*st	zaryou와 같은 번지
st -> name	zaryo.name과 같은 것으로 name 배열의 처음을 가리키는 번지
st -> name[4]	zaryou.name[4]와 같으며 name 배열의 다섯 번째 문자.
st -> english	zaryou.english와 같은 정수값

zaryou.english를 나타낼 때에 st -> 라고 쓰지만 「->」를 사용하지 않고 표현하면 (*st).english로 된다. 이 경우 점(.)의 우선 순위가 별표(*)보다 높기 때문에 소괄호로 묶어야 한다. *st. english와 (*st).english가 뜻하는 것은 다르다. 즉, *st.english =95;는 *(st.english)로 해석되므로 틀린 표현이다. 따라서 (*st). english=95;가 바른 표현이며, 이와 같은 표현의 혼동을 방지하기 위하여 '->'기호를 사용하여 다음과 같이 표현한다.

```
st->english=95;
```

9.1.4 복합구조체

구조체는 구조체를 구성하는 구성요소의 데이터형으로 구조체내에서 다시 구조체를 취할 수 있다. 이러한 경우를 복합구조체라고 한다.

<table>
<tr><td colspan="6">인 사 관 리</td></tr>
<tr><td rowspan="2">부서명</td><td colspan="2">직 종 별 관 리</td><td colspan="3">근 무 지 별 관 리</td></tr>
<tr><td>기술직 사원수</td><td>사무직 사원수</td><td>서 울</td><td>부 산</td><td>포 항</td></tr>
</table>

이러한 인사관리 표에 대하여 인사관리는 다음과 같은 구조체로 선언할 수 있다.

(1) dot(.) 기호를 사용하여 구조체 참조

```
struct p_management          /* 인사관리 구조체 선언  */
  {
    char section[10];        /* 부서명: p.section  */
```

```
    struct type                    /* 직종별 관리 구조체 선언 */
      {
        int engineer;              /* 기술직 사원수: p.t.engineer */
        int officer;               /* 사무직 사원수: p.t.officer */
      } t;
    struct area                    /* 근무지별 관리 구조체 선언  */
      {
        char seoul[20];            /* 서울: p.a.seoul    */
        char pusan[20];            /* 부산: p.a.pusan */
        char pohang[20];           /* 포항: p.a.pohang  */
      } a;
  } p;
```

(2) 포인터를 사용하여 구조체 참조

```
struct  p_management           /* 인사관리 구조체 선언  */
  {
    char section[10];          /* 부서명: p->section  */
    struct type                /* 직종별 관리 구조체 선언 */
      {
        int engineer;          /* 기술직 사원수: p->t.engineer */
        int officer;           /* 사무직 사원수: p->t.officer  */
      } t;                     /* 일반변수로 선언    */
    struct area                /* 근무지별 관리 구조체 선언 */
      {
        char seoul[20];        /*  서울: p->a->seoul     */
        char pusan[20];        /*  부산: p->a->pusan     */
        char pohang[20];       /*  포항: p->a->pohang   */
      } *a;                    /*  포인터 변수로 선언     */
  } *p;                        /*  포인터 변수로 선언     */
```

9.2 공용체

공용체는 다른 데이터 유형을 갖는 복수의 변수를 동일한 번지에 할당하는 선언 방법이다. 또한 공용체는 서로 다른 구조체를 할당하는 것도 가능하다. 공용체의 크기는 같은 번지에 할당되는 데이터 유형중에서 가장 크기가 큰 것으로 한다. 공용체의 선언 방법은 구조체의 struct 명령대신 union을 사용하는 것을 제외하면 다른 구조체와 동일하게 사용된다.

9.2.1 공용체 선언

(1) 공용체 기본적 선언

```
union 공용이름
     {     ↱ 멤버
       공용체   구성요소 1;
       공용체   구성요소 2;
                  ⋮
       공용체   구성요소 n;
     };
union 공용체 이름 변수1, 변수2, …
```

(2) 공용체 변수를 직접 선언

```
union 공용이름
     {     ↱ 멤버
       공용체   구성요소 1;
       공용체   구성요소 2;
                  ⋮
       공용체   구성요소 n;
     } 변수1, 변수2 ;
```

예를 들면 정수(int)와 실수형(float), 배장형 실수(double), 문자열의 포인터(char *)를 동일한 번지에 할당할 때는 다음과 같이 만든다.

☞ 사용 예

```
union u_student{
  int      i_num;
  float  f_english;
  double  d_math;
  char     *str;
 } u_st ;
```

위의 예에서는 선언된 공용체의 이름인 공용체 이름은 u_student이고, u_st는 영역을 확보한 공용체 변수이며, i_num, f_english, d_math, *str은 공용체 요소(멤버)이다. 또한, u_student에서 선언한 변수형 비트 길이는 int 32비트, float가 32비트, double이 64비트, 포인터(*str)를 32비트로 하고 있다. 즉,

i_num	4바이트
f_english	4바이트
d_math	8바이트
*str	포인터(4바이트)

공용체의 size는 가장 긴 데이터가 사용된다.(64비트= 8byte)

프로그램 9-7

```
/* union 변수의 선언 */
  #include <stdio.h>
  union soon
    {
      int a;
      char b;
    };

  void main( )
    {
      union   soon   un ;
      un.a = 10 ;
      printf(" un.a = %d   un.b = %d \n", un.a, un.b);
      un.b = 20 ;
      printf(" un.a = %d   un.b = %d \n", un.a, un.b);
      un.b = 'A';
      printf(" un.a = %d   un.b = %c \n", un.a, un.b);
    }
```

◆ 실행결과

```
un.a = 10     un.b = 10
un.a = 20     un.b = 20
un.a = 65     un.b = A
```

프로그램 9-8

```
/*  union의 길이를 sizeof 함수로 받아들여 출력 */
  union u_name {
      int                  i_num;
      float       f_english;
      double      d_math;
      char        *str;
    }  un;

  void main( )
    {
      printf("union size->%d bytes\n", sizeof(un));
    }
```

◆ 실행결과

```
union size->8 bytes
```

9.2.2 공용체의 데이터 참조

공용체의 참조는 구조체와 같은 형식이고, 프로그램 9-8에서 데이터의 참조는 다음과 같이된다.

(1) dot(.) 사용

공용체변수.구성요소이름	직접적으로 구성요소를 참조한다.
un.i_num, un.f_english	각 항목의 내용을 표시한다.

(2) 마이너스 대소(->)기호 사용

공용체 포인터->구성요소 이름　간접적으로 구성요소를 참조한다.

```
union u_name *str;
```

즉 str가 공용체 포인터일 때

str->i_num, str->f_english

는 각 구성요소의 항목을 표시한다.

* 공용체 배열 선언과 참조는

```
union   u_name   u_data[10];
```

로 선언했을 때 u_data[1].i_num나 u_data[2].i_num라고 쓰고 구성요소의 항목을 표시한다. 또 공용체를 나타내는 포인터를 선언하는 때에는

```
union   u_name    *str ;
```

str->i_num 혹은 str->i_num로 쓰고 구성요소의 항목을 표시한다.

1. 구조체의 구성요소 참조 방법에 대하여 설명하라.

2. 공용체의 구성요소 참조 방법에 대하여 설명하라.

3. 구조체와 공용체의 차이점을 설명하라.

4. 구조체와 공용체를 사용하여 학번, 성명, 주소 및 영어, 수학, 컴퓨터의 3과목에 대하여 데이터 파일을 만들고, 만든 데이터 파일을 출력하는 프로그램을 작성하라.

5. 다음 프로그램 일부를 보고 다음과 같은 출력결과가 나오도록 프로그램을 완성하라.

1) 프로그램 예 1

```
#include <stdio.h>
  (          )  student
             {
               int num;
               char name, tel;
             };
void main( )
  {
    struct student juso;
    printf("juso size--> %d\n",sizeof(struct student));
    p_juso(                                    );
    printf("%03d    [%-10s]    Tel_No: %s\n",
             juso.num, juso.name, juso.tel);
  }

p_juso(data, i_num, pname, ptel)
  int  i_num;
  char *pname, *ptel;
struct  student *data;
```

```
{
  int i;
  data->num=i_num;
  i = 0;
  while(*pname) data->name[i++] = *pname++;
  data->name[i] = '\0';
  for(i=0; *ptel; i++) data->tel[i] = ptel++;
  data->tel[i] = 0x00
}
```

◆ 실행결과

```
juso size --. 32,
200     [gildong    ]   Tel_No: 0562-77-2345
```

2) 프로그램 예 2

```
union {
  struct {
          char no, name[20];
       } un1;
  struct {
          int grd age;
          char no, tel[20]} un2;
       } member[10];
  };
int k=0;
void main( )
  {
    char uname[25], utel[15];
    int  ugrd, uage,  i;
    while(1) {
      printf("number: ");    scanf("%d",  &ugrd);
      printf("name: ");    scanf("%s",uname);
      printf("age: ");     scanf("%d",&uage);
      printf("tel_number:");     scanf("%s",utel);
      if( ucode<1 ) break;
      member[k].un.no= '1' ;
```

```
        sscopy(uname, member[k].un1.name);
        k++;
        member[k].un2.no= '2' ;
        sscopy(utel,  member[k].un2.tel);
        member[k].un2.grd =ugrd;
        member[k].un2.age=uage;
        k++;
    }
        for(i=0;i<k;i++) wsize(&member[i].un, sizeof(member[0]), i);
    }
wsize(mbr, nbr, i)
    char  *mbr;
    int    nbr, i;
    {
        printf("(%3d)" , i);
        while(nbr--) printf(" %02x",  (*mbr++)&0x00ff);
    }
sscopy(x,y)
    char *x, *y;
    {
        while(*x) (                    );
        *y = '\0';
    }
```

◆ 실행결과

```
number: 50↵
name: gildong↵
age:  40↵
tel number: 77-2345↵

number: 53↵
name: mihwa↵
age:  30↵
tel number: 64-7089↵

number: 0↵
name: 0↵
age:  0↵
tel number: 0↵
```

6. 복합구조체를 설명하라.

10 전처리기

프로그램을 C언어로 작성하여 기계어로 바꾸기 위해 컴파일을 행할 때에 컴파일을 수행하기 이전에 여러 가지 전처리를 필요로 한다. 이러한 전처리를 행하기 위한 전처리기의 기능으로 파일포함, 매크로, 조건부 컴파일이 있다. 이 장에서는 이러한 주요 기능에 대하여 공부해 보기로 하자.

C언어는 컴파일하기 전에 원시 프로그램에 대하여 전처리가 행해진다. 특히, 방대한 규모의 프로그램을 작성하는 경우에는 프로그램을 여러 개의 원시 프로그램으로 분리하여 작성한 다음에 이들을 하나로 결합하여 전체의 프로그램으로 보통 완성시키게 된다. 전처리기는 #include문을 사용한 외부파일 포함, #define문을 사용한 문자열의 치환, 조건부 컴파일 등의 기능을 가지고 있다. 원시 프로그램은 이러한 전처리기를 통하여 원시 프로그램을 보다 알기 쉽게 해주며, 이식성이 높은 원시 프로그램을 쓸 수 있게 해준다.

전처리기 제어문은 #기호를 첫 번째 열에 붙이며, 제어문의 끝에는 ';' 기호를 붙이지 않는다. 전처리기의 제어문은 다음과 같다.

```
#include     #define     #error
#elif        #if         #line
#else        #ifdef      #endif
#undef
```

10.1 외부파일 포함(#include)

#include제어문은 지정된 파일을 읽어 들여, #include 제어문이 있는 위치에 파일 내용을 삽입한다. 이것은 원시 프로그램 별로 공통으로 사용하는 것을 하나의 파일(헤더 파일 또는 인크리드 파일)로 정해놓고 각 파일 별로 이 파일을 포함시킬 때 효과적으로 이용할 수 있다. 또한 시스템 함수와 라이브러리 함수 등을 사용할 때, 필요한 표준적인 매크로(macro)정의와 함수의 유형 등이 정의되어 있는 헤더 파일(header file)을 불러들일 때에 사용된다.

◉ #include 제어문 두 가지 형식

```
#include 〈파일명〉
#include "파일명"
```

설명

#include 제어문을 사용할 때, 파일명은 위와 같이 두 가지 방법으로 지정할 수 있다. 그러나 〈파일명〉과 "파일명"은 파일을 찾는 경로, 즉 그 과정이 다르다.

#include 〈stdio.h〉와 같이 "〈 꺽쇠 괄호 〉"로 헤더 파일을 지정했다면, 전처리기는 그

파일을 표준 디렉토리 즉, 시스템이 설정한 디렉토리에서만 찾는다. 만약, 지정된 헤더 파일을 표준 디렉토리가 있는 곳에서 찾을 수가 없다면 전처리기는 현재 디렉토리에서 해당되는 헤더 파일을 찾게 된다. 간혹, 터보C를 이용하여 프로그램을 작성하여 컴파일을 행할 경우, 헤더 파일(예, stdio.h)을 찾을 수 없다고 에러 메시지가 나오는데, 이 경우 대부분 option의 directory부분에서 include 디렉토리의 지정이 잘못되어 있는 때가 많다.

또한, #include "test.h"와 같이 사용하는 경우, 이것은 사용자가 정의하여 헤더 파일로 사용하는 경우로 사용자 자신이 만든 파일을 #include가 있는 위치에 포함시키고자 할 때 사용한다.

프로그램 10-1

```
/* 가장 많이 사용하는 전처리기 명령어 stdio.h */
  #include <stdio.h>    /* 전처리기 명령문 */
  void main( )
    {
      printf("Good Morning \n");
    }
```

◆ 실행결과

```
Good Morning
```

프로그램 10-2

```
/* 파일 포함 프로그램 예 */
  #include <stdio.h>
  #include "test.h"                    /*  현 디렉토리에서 test.h 포함   */
  void main( )
    {
      int n, max;
      max = -1;
      Loop                             /* Loop와 Max는 test.h에 정의되어 있다 */
```

```
        {
          if( ( n = num_get( ) ) ==999 )
          break;
          max = Max(n,max);
        }
      printf( "max number : %d \n", max);
    }
  num_get( )
    {
      char c, gnum[30];
      int j;
      putchar( '>');                  /* putchar는 stdio.h에 정의되어 있다. */
      for ( j=0; ( c = getchar( ) ) != EOF ; j++)
        {
          if ( c == TS )              /* TS는 test.h에 정의되어 있다. */
          break;
          gnum[ j] = c;
        }
      gnum[j] = NULL;
      return( atoi(gnum) );
    }
```

◆ 실행결과

```
20↵
30↵
35↵
22↵
10↵
999↵
max number = 35
```

```
--------헤더 파일--------
   /*      test.h       */
#define   Loop          for(   ;   ;   )
#define   TS             ('\n')
#define   Max(x,y)    (x>y ? x : y)
```

10.2 문자열의 치환(#define)

#define 제어문은 문자열의 치환(치환 매크로)과 인수를 사용한 문자열의 치환(인수를 갖는 매크로)의 두 가지 치환이 있다. 인수를 사용하지 않는 문자열의 치환은 단지 문자열을 치환 문자열로 바꾸는 것이다. 즉 프로그램에서 사용하는 정수(예를 들어, switch문의 case에 사용되는 정수 등)를 치환 문자열로 하는 정수 자신에 의미를 부여할 수 있다. 인수를 사용한 문자열 치환은 문자열을 치환함에 있어서 인수를 포함하여 행하여진다. 즉 함수에 인수를 넘겨 줄 수 있도록 치환된 문자열 중에 인수로서 지정된 문자열을 집어넣을 수 있다.

◉ #define 제어문 표현

```
#define 매크로명 문자열
#define 매크로명(인수1, 인수2, …) 식
```

매크로는 매크로명으로 보통 일반 변수와 구별하기 위하여 대문자로 나타낸다. 그리고 문자열 뒤에는 ';'를 붙이지 않는다. 또한, 매크로는 한 행에 기술해야하고, 만약 한 행에 계속해서 기술할 수 없을 경우에는 행의 맨 끝 칼럼에 역슬래시'₩'기호를 두면 다음 행에 계속해서 기술할 수 있다.

☞ 사용 예

```
#define    TRUE     (1)
#define    FALSE    (0)
#define    SOSU     float
#define    WRITE    printf
```

프로그램 10-3

```
/* #define 제어문의 사용예 */
  #define  MAXSIZE   255
  #define  MAX           1+MAXSIZE
  void main( )
    {
      int x, y;
      x = 10 ;
```

```
        y = x * MAX ;
      printf(" y= %d \n", y);
    }
```

◆ 실행결과

```
y= 265
```

설명

위의 예제를 보면 예상했던 2560이 출력되지 않고 엉뚱한 값이 출력되어 있다. 이는 치환인 MAX가 "1+MAXSIZE"로 치환되어, 계산되는 값은 "10*1+MAXSIZE"이므로 우선순위에 의하여 곱셈이 먼저 되기 때문이다. 그러므로 이러한 문제점을 해결하기 위해서는 ( )를 이용하면 된다. 즉,

#define MAX (1+MAXSIZE) 로 표현하면 된다.

매크로함수를 정의할 때에는 각각의 변수에 대하여 ( )를 붙여 주어야 할 경우도 생긴다.

프로그램 10-4

```
#define   TIMES(x)   x * 2
void main( )
  {
    int a, b, c;
    a = 2 ; b = 3;
    c = TIMES( a + b );        /*  a+b*2 로 치환된다 */
    printf("c=  %d \n", c);
  }
```

◆ 실행결과

```
c = 8
```

설명

위의 예제에서 예상했던 결과 c= 10이 출력되지 않고 엉뚱한 값이 출력되고 있다. 이는

치환이 c= (a+b*2)= (2+3*2) 로 이루어지기 때문이다. 따라서 매크로 함수를 정의할 때, 다음과 같이 정의해 주어야 한다.

```
#define  TIMES(x)  ((x) * 2)
```

매개 변수(인수)를 갖는 매크로로써 지정하는 경우에 인수의 나열은 치환 대상인 가인수를 콤마 ','로 구별 지어 나열한다. 인수를 갖는 매크로의 치환은 식별자와 함께 가인수에 대상인 인수도 함께 치환된다. 예를 들어, 두 값 중에 큰 쪽의 값을 선택하는 매크로는 다음과 같이 된다.

```
#define  MAX(x,y)   ((x) > y) ? (x) : (y) )
```

이 매크로는 인수 x, y에 대응하는 실인수에 의하여 문자열이 두 번씩 사용된다. 예를 들면,

```
val_max = MAX(val_max, val);
```

은 다음과 같이 전개된다.

```
val_max = ((val_max) > (val) ? (val_max) : (val) );
```

다음에 이러한 매크로의 프로그램을 나타낸다.

프로그램 10-5

```
/* 매크로의 프로그램 */
  #include <stdio.h>
  #define  LENGTH   (1024)
  #define  END       999
  #define  MAX(x,y)   (x >y ? x : y)
  void main( )
    {
      int j,n, max=0;
```

```
        for( j=1; j< LENGTH ; j++)
          {
            printf("input n=") ;
            scanf("%d", &n);
            if( n == END )
            break;
            max = MAX(n,max) ;
          }
        printf(" number of max = %d \n", max);
      }
```

◆ 실행결과

```
input n=10↵
input n=70↵
input n=3↵
input n=67↵
input n=999↵
number of max = 70
```

#undef 제어문은 한 번 정의한 매크로를 취소하기 위한 제어문이다. 이 제어문에 의해 지정되었던 식별자를 갖는 제어문이 있던 위치 이후의 매크로 정의가 무효로 된다.

◉ #undef 제어문 표현

```
#undef    식별자
```

#undef 제어문은 인수를 갖는 매크로와 실제 함수와 교체하고자 할 때 사용된다. 예를 들어 앞에서의 인수를 갖는 매크로 Max와 같은 기능의 함수를 준비해 둔 경우, 매크로가 아닌 프로그램 내에서 사용할 것을 명시할 때에 다음과 같이 기술한다.

```
#undef MAX
int MAX(x,y)
  {
      ...
  }
```

10.3 조건부 컴파일

컴파일 할 때 평가되는 조건식의 값에 의하여 원시 프로그램의 한 부분을 선택하여 컴파일 할 수 있다. 이러한 기능은 if문과 유사한 6가지의 제어문의 조합에 의하여 행해진다. 다음에 그 조합의 유형을 나타낸다.

10.3.1 #if ~ #else ~ #endif

#if와 [#else] #endif의 기본적인 형식은 다음과 같다.

◉ 형식

```
#if   상수식
      문장1;
#else              <——생략 가능
      문장2;
#endif
```

위의 형식은 if ~ else문과 같으나, #if 다음의 상수식에 소괄호 " ( ) "를 붙이지 않는다는 점이 if문과 다르다. #if 다음의 상수식을 판단하여 참(True)이면 문장1을 수행하고, 거짓(False)이면 #else로 가서 문장2를 수행하나, 만약 #else문이 없다면 처리는 #endif로 끝난다.

프로그램 10-6

```
#include <stdio.h>
#define  MSIZE  256
#if  MSIZE == 256
    int ss[256] = {1, 1};
#else
    int ss[512] = {1, 1, 1};
#endif
void main( )
  {
    int a;
```

```
        for(a=0; a<3; a++)
            printf(" a = %d \n",ss[a]);
    }
```

◆ 실행결과

```
1
1
0
```

설명

MSIZE가 256이면 정수형 배열 ss에 256개의 기억공간을 할당하며 첫째, 둘째 요소로 1로 초기화하고 나머지 요소는 0으로 초기화된다. 만약, MSIZE가 256이 아니면 512개의 기억공간이 할당되며 첫째부터 셋째 요소까지 1로 초기화되고 나머지요소는 0으로 초기화된다.

10.3.2 #elif

#elif는 #else if의 약어로 다중 if문과 유사하나 이 역시 소괄호가 붙지 않는다.

◉ 형식

```
#if     정수식1
        문장1;
#elif   정수식2
        문장2;
         ...
#else              <——생략 가능
        문장n;
#endif
```

정수식1이 참이면 문장1이 행해진다. 만약 정수식1이 거짓이면 정수식2를 판별하여 정수식2가 참이면 문장2가 행해진다. 그러나 정수식1과 정수식2가 모두 거짓이면 #else 문장n이 행해지나, #else 문이 없다면 #endif문의 처리로 끝난다. 여기서, #elif는 필요한 만큼 사용할 수 있는 반면, #else는 단 한 번밖에 사용할 수 없다.

프로그램 10-7

```
#include <stdio.h>
#define  MSIZE  32
#if  MSIZE == 32
    char ss[32];
#elif MSIZE == 64
    char ss[64];
#else
    char ss[128];
#endif
```

설명 MSIZE크기에 따라 배열 ss의 기억용량을 다르게 할 수 있다.

10.3.3 #ifdef

◉ 형식

```
#ifdef  매크로명
     문장1;
#else              <——생략 가능
     문장2;
#endif
```

#ifdef 형식이 #define에 의하여 매크로명이 정의되어 있으면 문장1이 컴파일 대상이 된다. 그러나 정의되어 있지 않으면 문장2가 컴파일 대상이 된다.

프로그램 10-8

```
#include <stdio.h>
#define DELAY
void main( )
  {
```

```
    int a, b, c;
    #ifdef DELAY
      for(a=0; a<500; a++)
      for(b=0; b<500; b++)
      for(c=0; c<500; c++);
    #endif
}
```

10.3.4 #ifndef

◉ 형식

```
#ifndef   상수식
      문장1;
#else                <——생략 가능
      문장2;
#endif
```

#ifdef와는 정반대로 매크로가 정의되어 있지 않으면 문장1이 컴파일 대상이 되고 정의되어 있으면 문장2가 컴파일 대상이 된다. #ifndef는 다음과 같이 정의되지 않는 상수를 정의하는데 이용할 수 있다.

☞ 사용 예

```
#ifndef   Max
#define   Max 64
#endif
```

정수식은 정수 이외에 정수와 정수를 등호연산자(== 또는 !=)로 결합된 것을 지정할 수 있다. 또한, 논리연산자 (&&, ||)로서 결합할 수도 있다. 정수식의 판별은 그 값이 0이 아니면 참, 그 값이 0이면 거짓이다.

10.4 오류 위치 표시(#line)

#line 전처리기 명령어는 컴파일 할 때 오류(error)가 발생하면 소스(source) 프로그램의 라인 번호를 새로 부여하거나 파일명을 다시 부여할 때 사용한다.

◉ 형식

```
#line   상수   [ "파일명" ]
```

10.5 오류 메시지 출력(#error)

전처리기 #error 함수는 대개 #if문과 함께 사용되며 해당되는 조건에 맞지 않으면 컴파일러가 오류 메시지를 출력하면서 현재 진행 중인 처리를 중단한다.

◉ 형식

```
                    ↱ 현재 컴파일 중인 파일명
#error   sample.c   ### : Eror directive : 메시지
                      ↖ #error문을 만난 현재 행번호
```

여기서 오류 메시지 내용은 따옴표로 묶지 않는다. 전처리기는 #error문 다음의 스페이스를 제외한 다음 문자부터 오류메시지로 인식하여 출력한다. 예를 들어, test.c의 파일명을 가진 프로그램 중에 다음과 같은 내용의 메시지가 있다면, #error Not Give Max-Number. 그 출력은 다음과 같다.

```
Error test.c 10: Error directive: Not Give Max-Number. in function
```

연습문제

1. 전처리기의 기능을 간단히 설명하라.

2. 전처리기의 명령문중 #include 〈stdio.h〉와 #include "test.h"의 다른 점을 설명하라.

3. 매크로를 이용하여 "How do you do?"를 작성하는 프로그램을 작성하라.

```
#include < stdio.h >
#define PROGRAM main( )
#define BEGIN {
#define WRITE printf("How do you do? \n")
#define END }
```

4. 사다리꼴의 면적을 구하는 프로그램을 매크로를 사용하여 작성하라.

```
#include <stdio.h>
void main( )
  {
    float s, a, b, h=4.0;
    scanf("%f %f",&a,&b);
    s = (a +b) * h /2.0 ;
    printf(" area = %f\n",s);
  }
```

5. 다음 두 매크로에 대하여 출력결과가 어떻게 다르게 나타나는지 간단한 프로그램을 작성하여 나타내어라.

```
#define  MULT1(x)     (x*x)
#define  MULT2(y)     ((y)*(y))
```

6. 전처리기를 이용하여 중복된 헤더파일을 방지하는 프로그램을 작성하라.

```
#if deffined(HD_FILE)
#else
#define HD_FILE
#endif
```

7. 다음 #undef를 이용한 프로그램의 실행결과를 보이시오.

```
#include <stdio.h>
#define BUFSIZE 100
int x = BUFSIZE;
#undef BUFSIZE
#define BUFSIZE 200
int y = BUFSIZE;
#undef  BUFSIZE
#define BUFSIZE 300
int z = BUFSIZE;
void main( )
  {
    printf(" x = %d  y = %d z = %d \n", x, y, z);
  }
```

11 파일처리

지금까지는 주로 표준 입출력 장치로부터 자료를 읽거나 쓰는 방법에 관하여 다루어 왔다. 그러나 프로그램에서 이용할 자료의 데이터양이 방대한 경우에 하드디스크나 플로피디스크와 같은 보조 기억장치를 이용한 파일을 사용하여 데이터를 처리한다. 이 장에서는 이와 같이 보조 기억장치의 파일을 이용하여 데이터를 처리하는 파일처리에 관한 기본개념과 각종 파일처리 함수에 대하여 설명하다.

11.1 파일처리의 개요

지금까지 데이터의 입력은 주로 키보드로부터 입력하는 경우를 취급해 왔다. 그러나 입력 데이터양이 커지게 되면 그 작업은 대단히 힘들어 진다. 그러므로 에디터(editor)를 이용하거나 프로그램을 이용하여 데이터 파일을 만들어 놓으면 작업하기가 쉬워진다.

파일은 크게 순차 파일(sequential file)과 랜덤 파일(random file)의 두 가지로 구분된다. 순차 파일이 차례대로 데이터를 읽거나 써야하는 형태의 파일인데 반해, 랜덤 파일은 파일의 임의의 위치에서 데이터를 읽고 쓸 수 있다.

파일 입출력 함수로는 버퍼형과 비버퍼형으로 나누어 볼 수 있으며, 버퍼형 입출력 함수를 고수준 입출력 함수라 하고, 비버퍼형 입출력 함수를 저수준 입출력 함수라고 한다.

◉ 입출력 함수의 두 가지로 형태

고수준 입출력 함수(high level file I/O functions)
저수준 입출력 함수(low level file I/O functions)

◉ 고수준 입출력과 저수준 입출력 차이점

구 분	고수준 입출력	저수준 입출력
호환성	시스템 간 호환성이 크다	시스템 간 호환성이 작다
버퍼	입출력용 버퍼가 있다	입출력용 버퍼가 없다
규정	ANSI C에 규정되어 있다	ANSI C에 규정되어 있지 않다

◉ 파일 입출력 함수 종류

고수준 입출력		저수준 입출력
fopen( ) ....파일의 오픈		open( ) ....파일의 오픈
fclose( ) ....파일의 클로스		close( ) ....파일의 클로스
fgetc( ), fputc( )........한 문자 입출력	↔	read( ) ....파일의 읽기
fgets( ), fputs( ) ......문자열 입출력	↔	write( ) ....파일의 쓰기
fread( ), fwrite( ) .....블럭 입출력	↔	eof( ) ....파일의 끝
fprintf( ) ....파일의 쓰기		error( ) ....파일의 에러검출
fscanf( ) ....파일의 읽기		lseek( )................파일의 임의 접근
fseek( )......................파일의 임의 접근		tell( ), eof( ) ....기타
⋮		⋮

일반적으로 ANSI C에서는 시스템간의 호환성을 고려하여 고수준 파일 입출력 시스템을 표준으로 채택하고 있다. 따라서 여기서도 고수준 파일 처리 방법을 주로 다루게 된다.

11.2 파일처리 단계

C언어의 프로그램에서 파일로부터 데이터를 읽어 들이거나 데이터를 파일로 쓰기 위해서는 항상 FILE형 구조체를 가리키는 포인터 변수(* 변수)로 정의하여야 한다.

파일은 반드시 열어서(open) 사용하여야 하며, 또한 사용이 끝나면 필요에 따라서 파일을 닫아(close)주어야 한다. 그러므로 파일 처리는 다음과 같은 과정을 거치게 된다.

파일 포인터 선언 ➡ open ➡ 입출력 ➡ close

◉ 파일 처리 4단계

첫째, 파일 포인터를 선언한다.
둘째, 파일을 연다(open).
셋째, 파일에 데이터를 입출력한다.
넷째, 파일을 닫는다(close).

11.2.1 파일 포인터의 선언

C프로그램에서는 파일을 식별할 때 파일 포인터(file pointer)를 사용한다. 따라서, 파일의 위치를 지시하는 파일 포인터를 선언하여야 하며, FILE의 정의는 stdio.h 파일에 정의하고 있다. 그러므로 프로그램 작성 전에 필히 stdio.h를 포함시켜야 한다.

◉ 형식

```
          ┌파일 포인터 변수
FILE   *fp, *fopen( );
  ↖ 대문자
```

이와 같이 FILE형은 대문자로 항상 써야 된다.

11.2.2 파일 열기(fopen)

파일을 열기 위한 함수 fopen( )의 사용 형식은 다음과 같다.

◉ 형식

```
함수명  fopen
        #include <stdio.h>
형  식  FILE *fopen(filename, mode)
        char *filename;            /* 파일 이름 */
        char *mode;                /* 읽고 쓰는 종류 */
```

설명

반환값은 정상적일 때는 파일포인터, 에러일 때는 NULL을 반환한다. 더욱이 NULL은 보통 '₩0'이다.

프로그램 11-1

```
#include <stdio.h>
void main( )
  {
    FILE  *fp;
    fp = fopen("c:\tc\test.dat","r");
    if(fp == NULL)
      printf("can not open file. \n");
  }
```

위의 프로그램에서 파일을 열고자 할 때, test.dat 파일이 존재하지 않을 경우, fopen문과 판단문을 합쳐서 다음과 같이 쓸 수 있다.

☞ 사용 예

```
FILE *fp, *fopen( );
if((fp = fopen("파일명 "," r")) == NULL)
   { printf("can not open file. ₩n");
     exit( );
    }
```

설명

위의 프로그램은 c:가 하드디스크라면 디렉토리 tc의 test.dat파일을 읽기 전용으로 사용하며, fp를 파일 포인터로 사용하고 있다.

모드(mode)도 문자형의 포인터이다. mode는 파일의 읽고 쓰기의 제어를 지정하는 것이고, 대표적인 텍스트파일 모드는 다음과 같다.

◉ 텍스트파일 모드

모 드	의 미	처 리 내 용
"r"	입력 (read)	- 읽기 모드로 텍스트 파일을 연다. - 파일이 없으면 에러를 돌려준다.
"w"	출력 (write)	- 쓰기 모드로 텍스트 파일을 연다. - 파일이 없으면 새로 만든다. - 같은 파일이 있으면 먼저 것의 내용이 지워진다.

◉ 추가 및 갱신하기 위한 텍스트파일 모드

모드	의 미	처 리 내 용
"a"	추가쓰기 (append)	- 추가하여 쓰는 모드로 텍스트 파일을 연다. 추가는 이미 있는 파일의 마지막에 계속하여 데이터를 써넣는다. - 파일이 없으면 새로 만든다.
"r+"	갱신 (update)	- 변경(읽고 쓰기) 모드로 텍스트 파일을 연다. - 파일이 없으면 에러를 돌려준다.

"w+"	갱신 (update)	- 변경(읽고 쓰기) 모드로 텍스트 파일을 연다. - 파일이 없으면 새로 만든다. - 같은 파일이 있으면 먼저 것의 내용이 지워진다.
"a+"	갱신 (update)	- 변경추가모드 텍스트 파일을 연다. - 추가는 이미 있는 파일의 마지막에 계속하여 데이터를 써넣는다. - 파일이 없으면 새로 만든다.

◉ 이진 파일에 대한 모든(텍스트파일모드 뒤에 'b'를 추가)

모드	의 미	처 리 내 용
"rb"	2진파일 입력	- 읽기 모드로 2진 파일을 연다. - 파일이 없으면 에러를 돌려준다
"wb"	2진파일 출력	- 쓰기 모드로 2진 파일을 연다. - 파일이 없으면 새로 만든다. - 같은 파일이 있으면 먼저 것의 내용이 지워진다.
"ab"	2진추가 쓰기	- 추가하여 쓰는 모드로 2진 파일을 연다. - 추가는 이미 있는 파일의 마지막에 계속하여 데이터를 써넣는다. - 파일이 없으면 새로 만든다.

11.2.3 파일에 데이터 입출력

파일 포인터로 지정된 파일로부터 해당 함수에 의하여 만들어진 데이터를 입출력하기 위해서는 fscanf( ), fprintf( )함수를 사용한다. 기능적으로는 표준 입출력 함수인 scanf( ), printf( ) 와 동일하며 형식은 다음과 같다.

(1) fscanf( ) 함수

◉ 형식

```
int fscanf(ft, format, 인수)
FILE *ft;
char *format;
```

(2) fprintf( ) 함수

◉ 형식

```
int fpintf(ft, format, 인수)
FILE *ft;
char *format;
```

◉ 반환값

fscanf( )	- 정상적인 입력일 경우 입력된 항목 수 반환 - Error 발생시 EOF반환
fprintf( )	- 정상적인 출력일 경우 출력된 데이터의 바이트 수 반환 - Error 발생시 EOF반환

프로그램 11-2

```
/* fscanf( )와 fprintf( ) 함수의 사용 예 */
  #include <stdio.h>
  void main( )
    {
      FILE *i_data, *o_data, *fopen( );
      int a, b, c;
      if(( i_data = fopen("sample.dat","r")) == NULL)
        {
          printf("can't open file. \n");
          exit(1);
        }
      o_data = fopen("sample.out","w");
      while(( fscanf(i_data, "%d %d",&a, &b)) !=EOF)
        {
          c= a * b ;
          fprintf(o_data, "%d * %d = %d \n", a, b, c);
          printf("%d * %d = %d \n", a, b, c);
        }
    fclose(o_data);
    fclose(i_data);
    }
```

◆ 실행결과

```
10 * 2 =  20
22 * 3 =  66
5 * 12 =  60
```

설명

위의 프로그램은 sample.dat 파일의 데이터를 a, b변수를 이용하여 읽어 들이고, 그에 대한 곱을 계산하여 sample.out 파일에 출력하는 예이다.

〈sample.dat〉 내용

```
10  2
22  3
6  12
```

11.2.4 파일 닫기(fclose)

함수명	fclose
형 식	#include 〈stdio.h〉 int fclose(stream) FILE *stream;

설명

반환값은 정상적일 때는 0, 에러일 때는 EOF를 반환한다.

fclose 함수는 fopen 함수로 열린 파일을 닫는 함수이다. 이상에서와 같이 fopen 함수는 표준 입출력 장치를 거치지 않고 파일을 읽고 쓰기 위하여 파일을 여는 함수이고, fclose 함수는 fopen 함수로 열린 파일을 닫는 함수이다.

우리들은 책이나 노트도 사용하기에 앞서 먼저 표지를 열고 그 내용을 보거나 또는 기록하는데, 컴퓨터의 파일인 경우도 데이터를 읽거나 쓸 경우에 파일을 여는 조작을 해야 한다. 표준 입출력 파일(stdin, stdout, stderr)의 경우는 프로그래머가 의식하지 않아도 자동적으로 여닫기가 된다. 일반적인 파일을 사용하는 경우는 fopen과 fclose를 사용함으로써 여러 개의 파일을 동시에 열어서 읽고 쓸 수가 있다.

프로그램 11-3

```
#include <stdio.h>
void main( )
  {
    FILE *fp1, *fp2, *fopen( );              /* 파일 포인터 선언 */
    fp1 = fopen("input.dat","r");            /* 파일 열기 */
    fp2 = fopen("output.dat","w");
           ...                               /* 파일 사용 */
           ...
    fclose(fp1);                             /* 파일 닫기 */
    fclost(fp2);
  }
```

11.3 순차 파일처리함수

데이터를 읽거나 쓰기위해서 순서에 따라 차례대로 읽거나 써야하는 형태의 순차 파일처리와 임의의 위치에서 데이터를 읽고 쓸 수 있는 랜덤 파일처리가 있다.
파일 중간의 데이터를 일부분만 수정하고자 할 때에 순차 파일 처리 보다는 랜덤 파일 처리가 효율적으로 사용될 수 있다.

11.3.1 fscanf( )와 fprintf( )함수

파일 포인터로 지정된 파일로부터 데이터를 읽거나, 지정한 파일에 데이터를 쓰는 것 이외에 표준 입출력 함수인 scanf( ), printf( )와 다를 바 없으며 이들 함수에 대하여는 앞 절에서 설명하였다.

11.3.2 getc( )와 putc( )함수

이들 함수는 표준 입출력 함수인 getchar( ), putchar( )과 거의 같다. 그러나 다른 점은 이 함수들이 인수로 주어지는 파일 포인터로 지정된 파일에 읽거나 쓴다는 것이다. 다음은 getc( )의 형식이다.

◉ 형식

```
int getc(fp)
FILE *fp;
```

설명

위 함수의 반환값은 정수형이다. 오류가 발생하면 EOF(-1)을 함수값으로 되돌려 준다.

프로그램 11-4

```
/* 문자수 카운트 */
#include <stdio.h>
void main( )
{
   FILE *fp1, *fopen( );
   int count = 0;
   if (( fp1 = fopen("input.dat","r")) == NULL)
     {
       printf(" can not input file. \n");
       exit(1);
     }
   while( getc(fp1) != EOF)  count++;
   printf(" data count : %d \n", count);
   fclose(fp1);
}
```

◆ 실행결과

```
data count : 5
```

"input.dat" 파일의 데이터

1 2 3 4 5

다음은 putc( )함수를 나타낸다.

◉ 형식

```
int putc(st, fp)
int st;
FILE *fp;
```

설명

파일 포인터(fp)가 지시하는 파일의 현 위치에 한문자(st)를 쓰고, 다음 문자를 쓰기 위해서 파일의 위치를 하나 증가시킨다.

프로그램 11-5

```
#include <stdio.h>
void main( )
  {
    FILE *fp1, *fp2, *fopen( );
    int st;
    if (( fp1 = fopen("input.dat", "r") == NULL)
        { printf("can not open file. ");
          exit(1);
        }
    fp2 = fopen("output.dat", "w");
    st = getc(fp1);
    while( st != EOF )
      putc(st, fp2);
    fclose(fp1);
    fclose(fp2);
  }
```

설명

위의 프로그램의 실행결과는 입력파일 "input.dat"가 현 디렉토리에 존재하여야 하며, 존재하지 않을 경우에는 can not open file.이란 결과만 화면에 출력된다.

11.3.3 fgetc( )와 fputc( )함수

fgetc( ), fputc( )는 앞에서 설명한 getc( ), putc( )와 동일한 역할을 하지만 다른 점은 getc( ), putc( )는 stdio.h헤더 파일 내에 매크로로 정의되어 있으나, 이들은 함수로 정의되어 있다는 것이다.

◉ 형식

int fgetc(fp) FILE *fp;	int fputc(st, fp) int st; FILE *fp;

프로그램 11-6

```
#include <stdio.h>
void main( )
  {
    int st;
    do {
          if ((st = fgetc(stdin)) == 999)
              break;
          fputc(st, stdout);
       } while(1);
  }
```

설명

위의 프로그램은 키보드에서 한 문자씩 입력받아서 화면에 출력을 하는 예이다. 키보드에서 999를 입력받으면 종료하게 된다.

11.3.4 fread( )와 fwrite( )함수

지금까지는 주로 텍스트파일로 입력과 출력을 다루는 문제를 다루어왔다. 그러나 fread( ), fwrite( )함수는 2진파일에 대하여 사용하게 된다.

fread( )함수는 2진파일의 데이터 입력에 주로 사용된다.

◉ 형식

```
int fread(buffer, size, count, fp)
void *buffer;
int size;
int count;
FILE *fp;
```

fread(buffer, size, count, fp)는 fp포인터에 의해 정해진 파일의 현 위치에서 정해진 크기로 정해진 개수만큼의 데이터 한꺼번에 읽어서 가져오는 함수이다. 그러므로 버퍼의 크기는 size * count 개수만큼 크게 잡아야 된다.

프로그램 11-7

```
#include <stdio.h>
void main( )
  {
    struct student {
                    char name[5];
                    int score;
                  } uiduk[15];
    FILE *fp, *fopen( );
    struct student Lee[15]={"eng",90,"math", 80,"com", 95};
    int k;
    fp = fopen("sample.dat", "w");
    fwrite(Lee, sizeof(struct student), 3, fp);
    fclose(fp);
    fp = fopen("sample.dat", "r");
    fread(uiduk, sizeof(struct student), 3, fp);
    for( k=0; k<3, k++)
      printf("%s->%3d \n, uiduk[k].name, uiduk[k].score);
```

```
    fclose(fp);
}
```

◆ 실행결과

```
eng->90
math->80
com->95
```

* fwrite( )함수

◉ 형식

```
int fwrite(buffer, size, count, fp)
void *buffer;
int size;
int count;
FILE *fp;
```

fwrite(buffer, size, count, fp)는 fp포인터에 의해 정해진 파일에 size바이트 길이로 count개의 데이터를 쓴다.

11.4 랜덤 파일처리함수

파일의 임의위치에서 데이터의 내용을 변경시키고자 할 경우에 파일 포인터를 원하는 위치로 직접 이동시킬 수 있는 방법이다.

단, 주의할 점은 파일내의 각 데이터의 길이를 동일하게 해야 된다.

또한, 데이터의 부분적 수정을 위하여 모드는 갱신모드인 "w+", "r+", "a+"를 사용한다.

11.4.1 fseek( )함수

이 함수는 파일포인터로 지정한 파일에 입출력할 데이터의 위치로 파일포인터를 이동시키는 역할을 한다.

◉ 형식

```
int fseek(fp, distnc, mode)
FILE *fp;
long int distnc;
int mode;
```

설명

위의 함수는 파일포인터 fp가 지시하는 파일의 현 위치를 mode 지정한 위치에서 distnc 바이트 크기만큼 옮기는 역할을 한다.

distnc는 long int 정수로서 0이면 현재 위치이고, +값이면 순방향으로 이동하고, -값이면 역방향으로 이동한다.

mode는 기준주소를 말하며 다음과 같은 값을 갖는다.

mode 번호	기호 표현	파일 위치
0	SEEK_SET	처음 위치
1	SEEK_CUR	현재 위치
2	SEEK_END	마지막 위치

프로그램 11-8

```
#include <stdio.h>
void main( )
  {
    FILE *fp, *fopen( );
    long int a = 5;
    char b ;
    if (( fp = fopen("input.dat","r")) == NULL)
      {
        printf("can not open file.");
        exit(1);
      }
    fseek(fp, a, SEEK_SET);
```

```
        b = fgetc(fp);
        printf(" %c \n", b);
        fclose(fp);
    }
```

◆ 실행결과

```
f
```

* input.dat 데이터

```
a  b  c  d  e  f  g
```

11.4.2 rewind( )함수

이 함수는 파일포인터의 위치를 파일의 제일 처음으로 되돌려주는 역할을 한다.

◉ 형식

```
int fwind(fp)
FILE *fp;
```

설명

fseek(fp, 0L, SEEK_SET)과 같은 의미이다. 즉 파일의 처음 위치에서 0만큼 이동시키라는 뜻이므로 파일의 처음위치의 이동을 뜻한다.

11.5 기억장소 확보 및 해제

프로그램에서 대량의 데이터를 기억하려면 충분히 커다란 기억장소를 확보하여야 한다. 보통은 배열 등을 이용하여 기억장소를 자동으로 확보하게 된다.

C언어에서는 일시적으로 커다란 기억장소를 확보하여 사용하다가 기억장소를 다시 해제시킬 수 있다.

◉ 기억장소 확보 및 해제 함수

필요한 헤더파일	함수명	기 능
alloc.h 또는 malloc.h	malloc( ) calloc( ) realloc( ) free( )	기억장소 확보 기억장소 확보(초기화: 0) 기억장소 재확보 기억장소 해제

① malloc(size)함수는 size바이트만큼의 기억장소를 사용자관리영역에 확보하게 해준다.

② calloc(num, size)함수는 size크기의 요소를 num개 만큼 사용자관리영역에 기억공간을 확보하는 함수로써, 이 때 확보된 기억공간은 모두 0으로 초기화된다.

③ realloc(block, size)함수는 malloc( ), calloc( ), realloc( )함수에 의하여 확보된 기억장소(block)의 크기를 새로 지정한 size만큼의 바이트로 재 확보한다.

④ free(block)함수는 malloc( ), calloc( ), realloc( )함수에 의하여 확보된 기억장소를 해제시킨다.

프로그램 11-9

```
#include <stdio.h>
#include <alloc.h>
void main( )
  {
    char *str, ptr[15] = "korea uiduk";
    str = malloc(15);
    str = &ptr[0];
    printf("%s \n", str);
  }
```

◆ 실행결과

```
korea uiduk
```

연습문제

1. 파일처리 단계를 설명하라.

2. 순차 파일처리함수와 랜덤 파일처리함수를 설명하라.

3. 텍스트파일과 이진파일의 처리를 위한 모드에 대하여 설명하라.

4. getc( )와 fgetc( )의 차이점을 설명하라.

5. 일시적인 기억공간 확보를 위한 함수들에 대하여 설명하라.

6. fopen( ), fclose( ) 함수를 이용하여 다음과 같은 실제로 파일을 복사하는 프로그램을 작성하고 출력 결과를 확인하라.

```
#include <stdio.h>
void main( )
  {
    FILE *fp1, *fp2, *fopen( );
    int st, name[10], name2[10];
    printf("Input filename : ");
    scanf("%s", name);
    printf("Output Filename : ");
    scanf("%s", name2);
    if((fp1 = fopen(name,  "r") ) == NULL) exit(-1);
    fp2 = fopen(name2, "w") ;

    while((st = getc(fp1)) != EOF) putc(st, fp2);
    fclose(fp1);
    fclose(fp2);
  }
```

◆ 실행 결과

7. 파일에 데이터를 쓰는 프로그램을 작성하라.

```
#include <stdio.h>
void main( )
  {
    FILE *fp1, *fopen( );
    char j;
    printf("Output Filename : ");
    scanf("%s", name2);
    fp2 = fopen(name2, "w") ;
    for(j='A'; j<'Z'; j++)
      fprintf(fp1, "%c \n", j);
    fclose(fp1);
  }
```

8. 파일에서 문자를 읽어 들여 화면에 출력하는 프로그램을 작성하라.

```
#include <stdio.h>
void main( )
  {
    FILE *fp, *fopen( );
    char st;
    if (( fp = fopen("sample.dat",  "r") ) == NULL) exit(-1);
    while(1)
      {
        if (( st = getc(fp)) == EOF) break;
        putc(st, stdout);
      }
    fclose(fp);
  }
```

9. 다음 프로그램에서 틀린 곳을 찾아 올바르게 작성하라.

```
#include <stdio.h>
void main( )
  {
    int *fp;
    int k;
    ptr = fopen("input.dat", r);
    if( ptr == NULL) exit(-1);
    for(k=0; k<20; k++)
        printf("input file: %d \n", k);
    fclose( );
  }
```

부록

부록 A : ACII 코드 표

부록 B : 연산자 우선 순위

부록 C : 배열 요소의 포인터 표현

부록 A : ASCII 코드 표

DEC x_{10}	HEX x_{16}	ASCII	DEC x_{10}	HEX x_{16}	ASCII	DEC x_{10}	HEX x_{16}	ASCII
0	00	NUL	26	1A	SUB	52	34	4
1	01	SOH	27	1B	ESC	53	35	5
2	02	STX	28	1C	FS	54	36	6
3	03	ETX	29	1D	GS	55	37	7
4	04	EOX	30	1E	RS	56	38	8
5	05	EOT	31	1F	US	57	39	9
6	06	ENQ	32	20	SP	58	3A	:
7	07	ACK	33	21	!	59	3B	:
8	08	BEL	34	22	"	60	3C	<
9	09	BS	35	23	#	61	3D	=
10	0A	HT	36	24	$	62	3E	>
11	0B	LF	37	25	%	63	3F	?
12	0C	VT	38	26	&	64	40	@
13	0D	FF	39	27	'	65	41	A
14	0E	CR	40	28	(	66	42	B
15	0F	SO	41	29	)	67	43	C
16	10	SI	42	2A	*	68	44	D
17	11	DLE	43	2B	+	69	45	E
18	12	DC1	44	2C	'	70	46	F
19	13	DC2	45	2D	–	71	47	G
20	14	DC3	46	2E	.	72	48	H
21	15	DC4	47	2F	/	73	49	I
22	16	NAK	48	30	0	74	4A	J
23	17	ETB	49	31	1	75	4B	K
24	18	CAN	50	32	2	76	4C	L
25	19	EM	51	33	3	77	4D	M

DEC x_{10}	HEX x_{16}	ASCII	DEC x_{10}	HEX x_{16}	ASCII
78	4E	N	104	68	h
79	4F	O	105	69	i
80	50	P	106	6A	j
81	51	Q	107	6B	k
82	52	R	108	6C	l
83	53	S	109	6D	m
84	54	T	110	6E	n
85	55	U	111	6F	o
86	56	V	112	70	p
87	57	W	113	71	q
88	58	X	114	72	r
89	59	Y	115	73	s
90	5A	Z	116	74	t
91	5B	[	117	75	u
92	5C	₩	118	76	v
93	5D	]	119	77	w
94	5E	^	120	78	x
95	5F	_	121	79	y
96	60	'	122	7A	z
97	61	a	123	7B	{
98	62	b	124	7C	|
99	63	c	125	7D	}
100	64	d	126	7E	~
101	65	e	127	7F	DEL
102	66	f			
103	67	g			

부록 B : 연산자 우선순위

연 산 자 (우선순위가 높은 순서대로)	연산자 적용 방향
( ) [ ] -> .	→
! ~ ++ — & *(참조) sizeof	→
* / %	→
+ -	→
<< >>	→
< <= >= >	→
== !=	→
&	→
^	→
|	→
&&	→
||	→
:?	→
= += -= *= /= ^= &= |=	←
,	→

부록 C : 배열 요소의 포인터 표현

(A) 2 차원 배열 요소의 포인터 표현

2차원의 정수 배열 a[3][4]를 예로 들어 살펴보자. 배열 a[3][4]가 생성되면 동시에 아래 그림과 같이 포인터 a와 포인터 배열 a[3]이 생성된다.

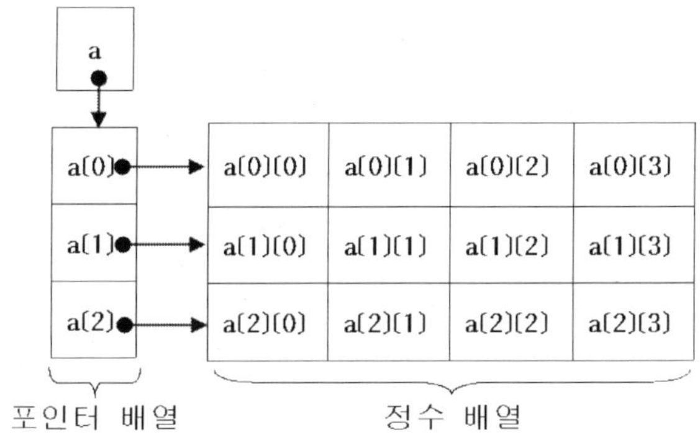

포인터 a는 포인터 배열의 첫 요소 a[0]의 주소를 갖는다. 포인터 연산을 적용하여 a+1은 a[1]의 주소를, a+2는 a[2]의 주소를 가지게 된다.

a=&a[0]   a+1=&a[1]   a+2=&a[2]

이어서 포인터 배열의 첫 요소 a[0]는 정수 배열의 첫 요소인 a[0][0]의 주소를 갖는다. 여기서도 포인터 연산을 적용하여 a[0]+1은 a[0][1]의 주소를, a[0]+2는 a[0][2]의 주소를, a[0]+3은 a[0][3]의 주소를 갖는다. 그리고 포인터 배열의 두 번째 요소 a[1]은 정수 배열의 두 번째 행의 첫 요소인 a[1][0]의 주소를 갖는다. 앞에서와 같이 a[1]+1은 a[1][1]의 주소를, a[1]+2는 a[1][2]의 주소를, a[1]+3은 a[1][3]의 주소를 갖는다. 포인터 배열의 나머지 요소도 같은 방식으로 정수 배열의 주소에 대응된다.

a[0]=&a[0][0]   a[0]+1=&a[0][1]   a[0]+2=&a[0][2]   a[0]+3=&a[0][3]
a[1]=&a[1][0]   a[1]+1=&a[1][1]   a[1]+2=&a[1][2]   a[1]+3=&a[1][3]
a[2]=&a[2][0]   a[2]+1=&a[2][1]   a[2]+2=&a[2][2]   a[2]+3=&a[2][3]

정수 배열의 데이터는 포인터를 간접참조 함으로써 접근할 수 있다.

```
a[0][0]=*(a[0]+0)=*(*a+0)=**a
a[0][1]=*(a[0]+1)=*(*a+1)
a[0][2]=*(a[0]+2)=*(*a+2)
a[0][3]=*(a[0]+3)=*(*a+3)

a[1][0]=*(a[1]+0)=*(*(a+1)+0)=**(a+1)
a[1][1]=*(a[1]+1)=*(*(a+1)+1)
a[1][2]=*(a[1]+2)=*(*(a+1)+2)
a[1][3]=*(a[1]+3)=*(*(a+1)+3)

a[2][0]=*(a[2]+0)=*(*(a+2)+0)=**(a+2)
a[2][1]=*(a[2]+1)=*(*(a+2)+1)
a[2][2]=*(a[2]+2)=*(*(a+2)+2)
a[2][3]=*(a[2]+3)=*(*(a+2)+3)
```

이상의 결과로부터 2차원 배열의 (i, j)번째 요소는 다음과 같이 일반화하여 표현할 수 있다.

```
a[i][j]=*(*(a+i)+j)
```

(B) 3 차원 배열 요소의 포인터 표현

3차원 배열의 경우는 2차원 배열의 확장으로 생각할 수 있다. 정수 배열 a[2][3][4]를 예로 들어 살펴보자. 정수 배열 a[2][3][4]가 생성되면 동시에 아래 그림과 같이 포인터 a와 1차원 a[2] 및 2차원 a[2][3]의 포인터 배열이 생성된다.

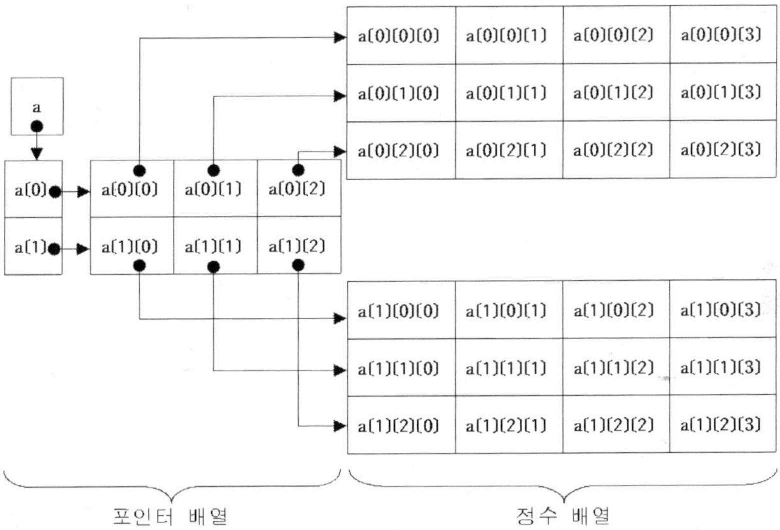

포인터 a는 1차원 포인터 배열의 첫 요소인 a[0]의 주소를, a+1은 그 다음 요소인 a[1]의 주소를 가지게 된다.

a=&a[0]   a+1=&a[1]

포인터 배열의 요소 a[0]는 2차원 포인터 배열의 첫 요소인 a[0][0]의 주소를 갖는다. 앞에서와 마찬가지로 a[0]+1은 a[0][1]의 주소를, a[0]+2는 a[0][2]의 주소를 갖는다. 그리고 a[1]은 a[1][0]의 주소를 가지며, a[1]+1은 a[1][1]의 주소를, a[1]+2는 a[1][2]의 주소를 갖는다.

a[0]=&a[0][0]   a[0]+1=&a[0][1]   a[0]+2=&a[0][2]
a[1]=&a[1][0]   a[1]+1=&a[1][1]   a[1]+2=&a[1][2]

포인터 배열의 요소 a[0][0]는 정수 배열의 첫 요소인 a[0][0][0]의 주소를 갖는다. a[0][0]+1은 a[0][0][1]의 주소를, a[0][0]+2는 a[0][0][2]의 주소를, a[0][0]+3은 a[0][0][3]의 주소를 갖는다. 그리고 a[0][1]은 a[0][1][0]의 주소를, a[0][1]+1은 a[0][1][1]의 주소를, a[0][1]+2는 a[0][1][2]의 주소를, a[0][1]+3은 a[0][1][3]의 주소를 갖는다. 포인터 배열의 나머지 요소도 같은 방식으로 정수 배열의 주소에 대응된다.

```
a[0][0]=&a[0][0][0]      a[0][0]+1=&a[0][0][1]
a[0][0]+2=&a[0][0][2]    a[0][0]+3=&a[0][0][3]

a[0][1]=&a[0][1][0]      a[0][1]+1=&a[0][1][1]
a[0][1]+2=&a[0][1][2     a[0][1]+3=&a[0][1][3]

a[0][2]=&a[0][2][0]      a[0][2]+1=&a[0][2][1]
a[0][2]+2=&a[0][2][2]    a[0][2]+3=&a[0][2][3]

a[1][0]=&a[1][0][0]      a[1][0]+1=&a[1][0][1]
a[1][0]+2=&a[1][0][2]    a[1][0]+3=&a[1][0][3]

a[1][1]=&a[1][1][0]      a[1][1]+1=&a[1][1][1]
a[1][1]+2=&a[1][1][2]    a[1][1]+3=&a[1][1][3]

a[1][2]=&a[1][2][0]      a[1][2]+1=&a[1][2][1]
a[1][2]+2=&a[1][2][2]    a[1][2]+3=&a[1][2][3]
```

마지막으로 정수 배열의 데이터는 포인터를 간접참조 함으로써 접근할 수 있다.

```
a[0][0][0]=*(a[0][0]+0)=*(*a[0]+0)=*(*(*a)+0)=***a
a[0][0][1]=*(a[0][0]+1)=*(*a[0]+1)=*(*(*a)+1)=*(**a)+1)
a[0][0][2]=*(a[0][0]+2)=*(*a[0]+2)=*(*(*a)+2)=*(**a)+2)
a[0][0][3]=*(a[0][0]+3)=*(*a[0]+3)=*(*(*a)+3)=*(**a)+3)

a[0][1][0]=*(a[0][1]+0)=*(*(a[0]+1))=*(*(*a+1))=**(*a+1)
a[0][1][1]=*(a[0][1]+1)=*(*(a[0]+1)+1)=*(*(*a+1)+1)
a[0][1][2]=*(a[0][1]+2)=*(*(a[0]+1)+2)=*(*(*a+1)+2)
a[0][1][3]=*(a[0][1]+3)=*(*(a[0]+1)+3)=*(*(*a+1)+3)
```

위의 결과로부터 3차원 배열의 (i, j, k)번째 요소는 다음과 같이 일반화하여 표현할 수 있다.

```
a[i][j][k]=*(*(*(a+i)+j)+k)
```

Index

고객지원안내

본 도서에 실려있는 모든 소스코딩예제는
복두출판사 홈페이지(www.bogdoo.co.kr) 자료실 또는
저자 페이스북(facebook.com/groups/dowhile)에서
다운 받으실 수 있습니다.

저자와의
협의에 의해
인지 생략

C언어의 완성

2판 2쇄 2019년 9월 10일

저 자 김태수 / 전중창 / 이평기
발행인 송광헌
발행처 복두출판사
주 소 서울특별시 영등포구 경인로 82길 3-4
센터플러스 807호 (우) 07371
전 화 02-2164-2580
FAX 02-2164-2584
등 록 1993. 11. 22. 제 10-902 호

정가 : 16,000원
ISBN : 979-11-5906-291-9 93000

한국과학기술출판협회 회원사